# Materiales curriculares

## Cómo elaborarlos, seleccionarlos y usarlos

Artur Parcerisa Aran

GRAÓ

Biblioteca de Aula | 105

Serie metología y recursos

c/ Francesc Tàrrega, 32-34. 08027 Barcelona
1ª edición: septiembre 1996
ISBN: 84-7827-147-3
DL: B-32.482-96
Diseño de la cubierta: Xavier Aguiló / ACE disseny
Producción: Punt i Ratlla
Impresión: Imprimeix

*Dedico este libro a Núria, Lluís y Agnès*

# Índice

**Introducción** | 9

Análisis y evaluación de materiales curriculares | 12

**1. El currículum en el aula** | **15**

El aula, un ambiente de aprendizaje | 15

Componentes metodológicos que configuran el ambiente de aprendizaje | 18

- Organización de los contenidos | 18
- Secuencias de actividades | 19
- Técnicas de trabajo individual | 22
- Planteamientos de trabajo en grupo | 22
- Agrupamiento del alumnado | 23
- Organización del tiempo y del espacio | 23

Componentes relacionados con la evaluación que configuran el ambiente de aprendizaje | 24

Ambiente de aprendizaje y atención a la diversidad del alumnado | 25

Los materiales curriculares en el proceso de enseñanza-aprendizaje | 26

- Tipos de materiales curriculares | 27
- Materiales que utilizan el papel como soporte | 29
- Materiales que utilizan soportes distintos al papel | 30

Funciones de los materiales curriculares | 31

**2. Libros de texto y otros materiales curriculares** | **35**

El libro de texto, el material curricular con más incidencia | 36

Algunas características del mercado del libro de texto y otros materiales en soporte papel | 37

El libro de texto, objeto de crítica | 38

Los materiales curriculares y las disposiciones de la administración educativa | 39

Materiales informáticos | 41

Materiales audiovisuales | 41

Las posibilidades y el futuro de las nuevas tecnologías en la enseñanza | 42

Otros tipos de materiales | 44

**3. ¿Cuáles son los materiales más adecuados?** | **47**

Materiales y flexibilidad del currículum | 48

Materiales y formación integral de la persona | 49

Materiales y aprendizaje significativo | 51

Materiales y atención a la diversidad | 52

Materiales y evaluación | 52

Características que deberían tener los materiales curriculares | 53

**4. Elaborar los propios materiales a utilizar** | **57**

Materiales curriculares, enseñanza y profesionalidad | 57

Elaborar los propios materiales: pros y contras | 59

Elementos a tener en cuenta en la elaboración de los propios materiales | 61
- Coherencia con el proyecto curricular del centro | 61
- Diversidad de los materiales | 62
- Coherencia con las intenciones educativas y con las bases psicopedagógicas. Adecuación al contexto | 62
- Rigor científico | 62
- Visión general del conjunto de los materiales | 63
- Reflexión sobre los valores que se reflejan en el material | 63
- Aspectos formales | 64
- Evaluación del uso del material | 64

**5. ¿Cómo utilizar adecuadamente los libros de texto y otros materiales? | 67**

Analizar y evaluar los materiales | 68
- De los estudios comparativos de medios a los modelos de análisis | 68

Análisis y evaluación de materiales editados que utilizan el papel como soporte | 69
La evaluación de materiales curriculares, un tipo específico de evaluación | 71
Necesidad de modelos para el análisis de materiales curriculares | 75

**6. Criterios para el análisis de materiales curriculares. Propuesta de un modelo | 79**

Características generales del modelo propuesto | 79
- Ámbitos para el análisis de los materiales | 80

Ámbito descriptivo | 81
- Intenciones y ámbito de aplicación | 81
- Componentes | 81
- Organización de los contenidos | 81
- Tipo de material | 82
- Lengua del material | 83
- Organización didáctica: apartados | 83
- Materiales complementarios necesarios | 83

Ámbito de análisis en función de las intenciones educativas | 83
- Objetivos | 84
- Contenidos | 84
- Actividades en función de los objetivos y los contenidos | 86
- Evaluación | 87
- Ejes o temas transversales del currículum | 87
- Justificación de las opciones tomadas | 88

Ámbito de análisis en función de los requisitos para el aprendizaje | 88
- Materiales informativos o de consulta | 88
- Materiales con propuestas de actividades | 89
- Materiales de lectura | 91

Ámbito de análisis en función de la atención a la diversidad | 93
- Presencia del concepto de atención a la diversidad en las propuestas de actividades | 93
- Presencia del concepto de atención a la diversidad en las propuestas de evaluación | 94

Ámbito de análisis en función de los aspectos formales | 94
- Diseño y maquetación | 94
- Otros aspectos | 96

**7. Propuesta de un instrumento para el análisis de libros de texto y otros materiales que utilizan el papel como soporte | 97**

Características del instrumento de análisis | 97

Parrilla de análisis | 98

- Fecha y referencia editorial del material a analizar | 100
- Ámbito descriptivo | 101
- Ámbito de análisis en función de las intenciones educativas | 105
- Ámbito de análisis en función de los requisitos para el aprendizaje | 114
- Ámbito de análisis en función de la atención a la diversidad | 120
- Ámbito de análisis en función de los aspectos formales | 121
- Valoración global del material analizado | 123

**8. Análisis de materiales que utilizan soportes distintos al papel | 125**

Modelos para el análisis de materiales que no utilizan el papel como soporte | 125

Elementos para adaptar el modelo propuesto | 127

**9. El profesorado como investigador de su propia práctica: evaluar el uso de los materiales curriculares | 131**

El profesorado como investigador de su propia práctica | 131

Investigar las funciones reales de los materiales en el aula | 133

Evaluación inicial, formativa y sumativa de los materiales curriculares | 137

Enseñar a usar los materiales curriculares | 140

**10. Algunas reflexiones de cara al futuro | 143**

Conclusiones de una investigación | 144

Algunas reflexiones de prospectiva | 146

- Formación y desarrollo profesional del profesorado | 147
- El papel de la Administración | 147
- El papel de la Universidad | 148
- Las editoriales | 149

Notas finales | 149

**Referencias bibliográficas | 151**

# Introducción

Mejorar la calidad de la educación escolar es la gran finalidad que motiva (o debería motivar) a los profesionales de la educación. Pero la calidad es un concepto abstracto y polisémico. En todo caso, conseguir una enseñanza de calidad es una finalidad que nunca se puede lograr al cien por cien y, por lo tanto, debería estar presente en cualquier planteamiento educativo. Siempre es posible mejorar la calidad de los procesos de enseñanza y aprendizaje. Esta calidad se puede constatar por diversos indicadores pero, actualmente, una enseñanza que aspire a ser de calidad no puede desvincularse de las características de la sociedad actual y de la sociedad futura en las que se tendrá que desenvolver el alumnado.

Una característica esencial de la sociedad en la que vivimos es la del cambio permanente y acelerado. Ante esta realidad, la escuela corre un grave peligro: quedarse anclada en el pasado y no ser capaz de proporcionar aprendizajes funcionales al alumnado. Aunque es cierto que la permanencia de la institución escolar puede ayudar a enfrentarse al cambio social, al proporcionar continuidad y tradición desde la cual observar y poder analizar el cambio (tal como apunta Postman, en Gozzer y otros, 1981), la escuela no puede prescindir de dos evidencias:

1. La enseñanza ya no se puede concebir como estrictamente limitada a la acción que se realiza en el interior del centro escolar sino que la escuela tiene que considerar en sus planteamientos didácticos la educación extraescolar. Las alumnas y los alumnos aprenden muchas cosas (conocimientos, actitudes...) fuera de la escuela, mediante la televisión, las actividades que realizan cuando acaban la jornada escolar (deporte, estudio de idiomas, música...), los viajes con su familia, etc.
2. La escuela tiene que plantearse para qué sociedad tiene que formar al alumnado. Desde esta perspectiva se hace imprescindible reflexionar sobre aquellos aprendizajes que deberán ser prioritarios para facilitar el desarrollo crítico de la persona en el seno de la sociedad actual y futura. La dificultad estriba en que es muy difícil prever cómo será esta sociedad de aquí a unos años, precisamente por el cambio acelerado al que se ve sometida en todos los órdenes (políticos, económicos, tecnológicos, de valores). La formación en capacidades que impliquen prioritariamente el aprendizaje de contenidos procedimentales (estrategias para resolver problemas, organización de la información, manejo de datos, diseño de proyectos, etc.) y de contenidos actitudinales (trabajo en colaboración, valoración de las tradiciones y a la vez de las innovaciones, sistematización en la realización de tareas, etc.) adquiere todo su sentido cuando ya no es suficiente con la adquisición de unos determinados datos y conceptos porque éstos, aunque quizás son imprescindibles, no bastan para adaptarse activamente a nuevas situaciones sociales.

Es en este sentido que las intenciones educativas o, dicho de otra manera, la función social de la educación escolar, tienen que constituir un referente prioritario en el diseño y en el análisis curricular. Así, por ejemplo, en el caso de la educación primaria, por el alto grado de plasticidad y versatilidad de los niños y niñas de estas edades, la necesidad de conectar la enseñanza que se da en la escuela con el mundo extraescolar y la priorización puntual de determinados procesos de enseñanza-aprendizaje que pueden constituir la base para otros procesos posteriores, se convierten en cuestiones clave. Hay que asegurar, por lo tanto, que se destinan los suficientes recursos de tiempo, de materiales, etc. para ayudar a que el alumnado adquiera aprendizajes instrumentales básicos, como la lectura, la escritura, el cálculo, pero esto no es bastante: hay que dedicar también esfuerzos suficientes para facilitar el aprendizaje de la autoorganización del trabajo, la pulcritud, la colaboración con los demás y la actitud abierta a las novedades, pongamos por caso.

La formación en todo tipo de capacidades (cognitivas, psicomotrices, afectivas...) en una visión global de la persona que se forma debería constituir un rasgo esencial y, a la vez, un reto difícil, ya que la educación integral no se corresponde con la concepción tradicional de la escuela, según la cual si bien teóricamente tiene que formar al alumnado en todos los aspectos, a la hora de la concreción lo que resulta verdaderamente importante son los conocimientos (en realidad, aun más que los conocimientos, las notas o calificaciones que obtiene el estudiante), y esto progresivamente a medida que se va pasando de la educación infantil a la primaria, a la secundaria...

Por otra parte, una enseñanza que facilita un aprendizaje con el máximo de sentido para quien aprende, tiene que adaptarse a los aprendizajes previos realizados por cada alumno y alumna, a su nivel de desarrollo y a sus estrategias de aprendizaje. La personalización, que no debe confundirse con una metodología individualizada, es imprescindible. Al mismo tiempo, un didáctica que atienda a la diversidad del alumnado tiene que ser una didáctica que sea y enseñe a ser respetuoso con la diversidad cultural, religiosa, étnica... lo cual es muy importante teniendo en cuenta que la sociedad en muchas ocasiones parece evolucionar hacia valores contrapuestos al respeto y a la no discriminación.

En ocasiones puede parecer que algunos planteamientos escolares van en sentido contrario a los de la sociedad. Nos hallamos en un período de inseguridad en los valores pero todo parece apuntar que los valores que, día a día, van adquiriendo más fuerza son la competitividad, el consumismo sin sentido, la falta de solidaridad, el enriquecimiento rápido y sin escrúpulos, etc. En contraposición a estos valores dominantes aparecen tímidamente otros que, quizás, en un futuro, puedan llegar a ocupar un lugar más destacado: el ecologismo, el pacifismo... A la escuela se le pide que ayude a aprender valores y maneras de hacer sensiblemente contrapuestos a los valores socialmente dominantes. Esto constituye una dificultad innegable, y aun más si se pretende que la enseñanza sea funcional, evitando que el alumnado viva en dos mundos disociados: el escolar y el extraescolar.

Pero no podemos olvidar que la escuela es una de las instituciones con más influencia en la formación de los futuros ciudadanos y ciudadanas y que esta formación será, en una parte importante, fruto de los años escolares. Renunciar a plantearse qué modelo de ciudadano queremos, y por lo tanto qué modelo de educación escolar, significa aceptar los modelos dados por otros (la administración, los libros de texto, etc.) y contribuir a la consecución de estos modelos actuando, probablemente inconscientemente, como simples instrumentos al servicio de intereses ajenos.

Una enseñanza que pretenda facilitar un aprendizaje con sentido y funcional debe también preocuparse de contextualizar la acción didáctica en relación al entorno y al medio del alumnado, entendiendo el concepto de medio en un sentido psicológico, como aquel espacio que la persona siente como propio, mientras que el concepto de entorno puede tener una vertiente más de carácter físico. En todo caso, el alumnado vive intensamente realidades que se encuentran lejos de su entorno. La televisión es uno de los grandes medios que proporciona esas realidades que será necesario que la escuela analice, complete, critique... pero que nunca debe obviar.

Los planteamientos anteriores deben concretarse mediante una metodología activa que hay que entender en relación directa con la participación del alumnado. En ocasiones se ha entendido la metodología activa únicamente desde una perspectiva formal, como un sistema de enseñar en el cual el alumnado hace cosas: saltar, salir de excursión, debatir, etc. En una concepción del aprendizaje como un proceso que requiere necesariamente de la implicación mental y la predisposición o motivación del alumnado a hacer el esfuerzo para aprender, la metodología activa se debe entender como la manera de enseñar que precisamente facilita la implicación y la motivación.

La evaluación de los aprendizajes que realmente ha realizado cada alumno y alumna constituye un aspecto esencial en todo proceso de enseñanza-aprendizaje. Pero el concepto de evaluación será bastante pobre si se limita a esto. Hay que evaluar también el proceso seguido, la adecuación de las decisiones de planificación tomadas por el profesorado, la coordinación entre éste, etc. Por otra parte, mejorar las evaluaciones iniciales o diagnósticas y las evaluaciones formativas o continuadas del alumnado deberían ser objetivos prioritarios para el profesorado.

Todo lo anterior es coherente desde una perspectiva que entienda que cada alumno y cada alumna deben ser los constructores (y por lo tanto protagonistas activos) de su aprendizaje. Pero lo cierto es que asumir en la práctica estas nociones sobre los procesos de aprendizaje no es fácil. De entrada se encuentra a faltar una mayor profundización, por parte del profesorado, en estas concepciones; pero lo más difícil es tomar decisiones en el seno de cada grupo-clase coherentes con ellas, ya que eso comporta replantear algunas maneras de hacer muy arraigadas en gran parte del profesorado. Un ambiente de aula coherente con un aprendizaje lo más funcional y con el máximo de sentido posible es un ambiente en el cual se han replanteado todas las variables: actividades, agrupamiento del alumnado, tiempo, espacio, etc. Ser capaz de replantearse todas estas variables (y además hacerlo en equipo ya que es la única manera coherente de hacerlo) exige una nueva cultura profesional: la cultura de la reflexión, del análisis de la propia práctica, del planteamiento de los porqués de lo que se hace en el aula y de cómo se hace...

El espacio de relativa autonomía de que disponen los centros escolares (mayor del que en ocasiones piensa el propio profesorado) constituye una gran oportunidad para mejorar la calidad de la enseñanza en la línea expuesta hasta ahora, contextualizando la enseñanza y avanzando en la recualificación profesional del profesorado en un proceso que progresivamente vaya incorporando cotas de reflexión y de decisión colaborativa a partir del análisis de la propia práctica.

El diagnóstico y la planificación deberían constituir dos componentes especialmente relevantes de la tarea del profesorado. Hay que entender esta planificación como una pauta que deberá irse adaptando a la realidad con la necesaria flexibilidad. Las decisiones tomadas en la planificación didáctica deben fundamentarse en unas determinadas intenciones educativas y en unas bases psicopedagógicas. Los medios para facilitar los aprendizajes deben ser coherentes entre sí.

Probablemente habrá muchos profesores y profesoras que sintonizarán con planteamientos como los anteriores: necesidad de una formación integral, de facilitar que cada alumno y alumna construya su propio aprendizaje, de contextualizar la enseñanza, de partir de unos criterios acordados a nivel de centro, etc. Pero también es probable que estos mismos docentes trabajen, en su gran mayoría, con libros de texto u otros materiales semejantes. Y no es menos probable que en alguna que otra ocasión se hayan planteado cómo conjugar reflexiones como las expuestas anteriormente con el uso de libros de texto y materiales similares. Esta situación conduce directamente a la temática de este libro: los materiales curriculares, su análisis, su evaluación, su uso...

## Análisis y evaluación de materiales curriculares

Revisando la bibliografía sobre análisis y evaluación de materiales curriculares se constata que, en los últimos años, parece haber disminuido el interés por acometer trabajos en este campo, aunque, paralelamente a la puesta en marcha de la reforma del sistema educativo, han aparecido recientemente algunos artículos referidos al tema, pudiéndose entrever un cierto repunte del interés por el análisis de materiales. Este repunte se tiene que relacionar con la conciencia que hay en el mundo educativo de la notable importancia de los materiales curriculares en la práctica docente y, por lo tanto, del papel relevante que tienen estos materiales en cualquier proceso de innovación y de cambio.

Los materiales curriculares editados en soporte papel, y en especial los llamados libros de texto, constituyen uno de los principales recursos para la tarea docente del profesorado, si no el principal recurso en muchos casos. Por lo tanto, son muy relevantes las características didácticas de esos materiales. Por otra parte, el papel real que tienen en el interior de cada aula depende en gran medida del uso específico que de ellos haga el profesor o la profesora correspondiente. Algunos docentes elaboran en parte o en su totalidad los materiales que utilizan, lo que constituye una variante específica en la concepción de dichos materiales.

Pero lo cierto es que se encuentran a faltar modelos de análisis y de evaluación de materiales curriculares que sintonicen con las concepciones actuales de los procesos de enseñanza-aprendizaje (construcción de los propios conocimientos, importancia de la atención a la diversidad, etc.). En este libro se aborda precisamente esta cuestión, llegándose a proponer un modelo validado que pueda resultar útil al profesorado para elaborar, seleccionar y establecer criterios para el uso de materiales curriculares. Con esta propuesta se pretende contribuir a proporcionar al profesorado herramientas que le puedan ayudar en su proceso de reflexión y de análisis crítico de la práctica. Una práctica en la que los materiales curriculares se encuentran muy presentes.

El modelo de análisis propuesto en los capítulos 6 y 7 y los contenidos del libro en su conjunto se fundamentan en los siguientes referentes:

- En trabajos anteriores consistentes en propuestas y estudios sobre modelos e instrumentos de análisis y evaluación de materiales curriculares (llamados así o de otra manera) recogidos en la bibliografía sobre el tema.
- En los trabajos anteriores consistentes en investigaciones sobre las características y cualidades de los materiales curriculares. Estas investigaciones son menos numerosas que las propuestas de modelos, y aún menos las que son recientes.
- En textos de diversos autores y autoras que tratan de temas relacionados con el análisis de materiales: papel de los materiales curriculares en el proceso didáctico, importancia cuantitativa y cualitativa de este tipo de recurso, vertiente económica de los materiales curriculares, etc.
- En textos (entre ellos los legales) referidos al actual proceso de reforma del sistema educativo en cuanto hacen referencia a la cuestión de los materiales.
- Y, evidentemente, en la propia experiencia del autor, tanto en el ámbito de la formación inicial y permanente del profesorado como en el ámbito de las ediciones pedagógicas.

Precisamente la doble faceta de formador de docentes y de editor de obras pedagógicas que el autor ha compaginado durante muchos años ha sido uno de los desencadenantes del interés por la temática que se desarrolla en este libro. Aunque evidentemente el autor es el único responsable de las páginas que siguen, no sólo estas páginas son el fruto de muchas influencias sino que algunas de ellas han constituido pilares a partir de los que se ha elaborado el presente trabajo. Agradecer en este momento a todos aquellos que, de una manera u otra, han influido en este libro sería demasiado largo y correría el peligro de dejarme a alguien (y ya se sabe que las personas somos muy susceptibles), además la lista debería incluir un número importante de asesores y asesoras del profesorado de toda España, así como compañeros y compañeras del departamento de Didáctica y Organización Educativa de la Universidad de Barcelona pero también muchos profesores y profesoras con quienes he trabajado y de los cuales he aprendido muchas cosas.

Pero no puedo dejar de citar a mis compañeros y compañeras de las revistas *Guix* y *Aula,* y de manera muy especial a Antoni Zabala (con quien he compartido la autoría de un material para el Ministerio de Educación y Ciencia donde se incluye una primera versión del modelo de análisis propuesto en el presente libro)[1], a Rosa Guitart, Gregorio Casamayor, Gloria Puig y Francisco Imbernón (que dirigió mi tesis doctoral[2] en la que se ha basado este libro); con todos he compartido la tarea diaria, enriqueciéndome con sus aportaciones a lo largo de los años. También tengo que citar, por su colaboración en este trabajo, a Cristina García (que me ayudó en la investigación para validar el modelo de análisis que se propone), a Carme Agelet y a Josep M. Planes.

---

1. Zabala, A. y Parcerisa, A. (1995)
2. Parcerisa, A. (1996)

El desarrollo del libro trata sobre los materiales curriculares y especialmente sobre cómo analizarlos para usarlos mejor, centrándose cada capítulo en los aspectos que seguidamente se señalan.

En el capítulo primero se sitúan los materiales curriculares en relación con las otras variables que en su interrelación constituyen el ambiente de aprendizaje que se da en un aula. A continuación se trata específicamente de las funciones que pueden cumplir los materiales.

En el capítulo segundo se abordan los materiales curriculares (libro de texto, materiales informáticos, audiovisuales...) desde distintas vertientes: incidencia actual y posibilidades futuras, los materiales como productos de consumo, los materiales como objeto de crítica...

El tercer capítulo plantea algunas reflexiones alrededor de la siguiente cuestión: ¿qué materiales son los más adecuados? Se trata sobre elementos a tener en cuenta para ir construyendo una respuesta a la pregunta planteada, y se recogen consideraciones de diversos autores sobre la cuestión.

El siguiente capítulo, a partir de unas consideraciones generales sobre la relación entre materiales curriculares, enseñanza y profesionalidad, se centra en una de las opciones posibles respecto a los materiales: su elaboración por parte del propio profesorado que los usará y que los hará usar a su alumnado. Se señalan algunos elementos a tener presentes cuando se opta por elaborar los propios materiales.

En el capítulo quinto se plantea la necesidad de analizar y evaluar los materiales curriculares y de contar, para ello, con modelos adecuados. Se contextualiza la evaluación de materiales en el conjunto más general de la evaluación educativa y se trata específicamente de los materiales que utilizan el papel como soporte.

Los dos capítulos siguientes proponen un modelo de análisis y evaluación para materiales en soporte papel. En el sexto se exponen las características generales del modelo y de cada uno de los ámbitos e ítems de análisis. En el capítulo séptimo se presenta un instrumento para facilitar el análisis. Tanto el instrumento como el modelo general se ubican en una concepción de la evaluación de materiales en la cual se contemplan tres fases: recogida de información; sistematización y análisis de esta información; conclusiones orientadoras de la toma de decisiones respecto a la elaboración, selección y uso de materiales curriculares.

En el capítulo octavo se proponen elementos de cara a facilitar una adaptación del modelo de análisis anterior, pensado para materiales editados en soporte papel, para su uso en el análisis de otro tipo de materiales.

A diferencia de los capítulos anteriores, que hacen incidencia especialmente en las características de los materiales curriculares y en los criterios para su elaboración, selección y para orientar su uso, en el capítulo noveno se trata sobre la evaluación continuada del uso de los materiales y sobre cómo reorientar dicho uso a partir de ésta, en un proceso dinámico que se basa en una concepción del profesorado como un investigador permanente de su propia práctica educativa.

En el capítulo décimo, a la luz de todo lo expuesto, se plantean algunas reflexiones de cara al futuro referidas a los materiales curriculares, sin duda, un componente muy relevante del proceso de enseñanza y aprendizaje.

# 1

# El currículum en el aula

El profesorado desarrolla su actividad profesional en distintos ámbitos y a distintos niveles pero no cabe duda de que su intervención en el aula debe considerarse el núcleo esencial de sus tareas, ya que es en ésta donde incide directamente en los procesos de aprendizaje de su alumnado y donde concreta los criterios y los acuerdos tomados en instancias más generales. Cada profesor y profesora aplica en el aula el currículum planificado, analiza el currículum oculto y, en definitiva, toma numerosas decisiones en relación a la dinámica grupal y en relación a los distintos alumnos y alumnas que constituyen el grupo.

## El aula, un ambiente de aprendizaje

En el aula, el profesorado toma prioritariamente decisiones de tipo metodológico-organizativo; es decir, decisiones sobre cómo enseñar. Algunas de estas decisiones afectan al conjunto del grupo-clase, otras afectan a un subgrupo y otras son de carácter interactivo, dirigidas a un solo alumno o alumna. Es impensable que cada decisión metodológica pueda responder a una fundamentación explícita pero, teniendo en cuenta que la educación escolar es de carácter intencional, las opciones del profesorado en el ámbito metodológico, organizativo y de recursos deberían ser coherentes en su conjunto y encontrarse al servicio de dos referentes fundamentales: las intenciones educativas que se plantea el centro y las bases psicopedagógicas.

Las intenciones educativas constituyen la justificación de la vida escolar: las tareas que se realizan en el centro educativo y las intervenciones de su profesorado deben responder a algo, deben servir para algo. Este algo son las intenciones que especifican lo que pretendemos enseñar y, consecuentemente, lo que pretendemos que aprenda el alumnado. Dichas intenciones deben ser claras (e interpretadas en el mismo sentido por el conjunto de profesorado del centro) para que realmente sirvan de referencia. A su vez, es muy importante que, de entre todas las intenciones educativas, se hayan especificado aquéllas que se consideran prioritarias, atendiendo al contexto específico (tipo de centro, ubicación geográfica, características socioculturales del alumnado...), ya que sólo es posible tener presentes, casi en todo momento, unas pocas intenciones educativas que se consideren claves y que, por su importancia, deban reflejarse en la vida diaria del centro y en las decisiones que va tomando el profesorado; y no es posible tener presentes muchas intenciones. En general, la cantidad y la calidad acostumbran a ser dos dimensiones difícilmente compatibles.

Un centro escolar puede acordar, quizás, que las intenciones u objetivos generales prioritarios harán referencia al aprendizaje de capacidades relacionadas con la comprensión y la expresión verbales, considerando, entre otros aspectos, que un buen aprendizaje de las capacidades de comprensión y expresión oral y escrita constituyen un condicionante para el progreso académico futuro del alumno o alumna; o puede acordar que lo prioritario será el aprendizaje de actitudes participativas, solidarias y de respeto a los demás, considerando, por ejemplo, que la intención básica de un centro escolar debe ser formar personas en el pleno sentido de la palabra, o sea, en su dimensión ética; o puede decidir que lo más importante será el aprendizaje de estrategias para resolver problemas y de habilidades y técnicas para adaptarse a situaciones nuevas, considerando quizás en este caso que el actual proceso de cambio social tan acelerado en todos los ámbitos hace muy difícil prever cómo será la sociedad (política, económica, tecnológicamente...) de aquí a pocos años y que, en consecuencia, lo que requerirá el adulto de aquella sociedad será, por encima de otras cosas, tener capacidad y recursos para adaptarse críticamente.

Estas u otras intenciones educativas definidas y priorizadas por un centro responderán a una determinada concepción de persona a formar y a una determinada concepción de lo que tiene que ser la educación escolar. Si se opta por un aprendizaje integral (de todo tipo de capacidades), socializador (que considere que la persona se desarrolla individualmente en el seno de una sociedad) y funcional (en el sentido de que aquello que se aprenda pueda aplicarse o transferirse a otros contextos) las decisiones metodológicas deberán ser consecuentes con estas opciones (y con las intenciones específicamente acordadas). Así, por ejemplo, la metodología deberá ser adecuada para el aprendizaje de todo tipo de contenidos (para una formación integral); deberá prever tareas y situaciones grupales (para una formación socializadora); y tendrá que posibilitar situaciones de enseñanza-aprendizaje de un mismo contenido en distintos contextos y con distintos materiales (para una formación funcional).

Junto a las intenciones educativas, el otro referente para tomar decisiones didácticas justificadas son las bases psicopedagógicas, es decir, aquellos elementos de la práctica pedagógica y de la psicología del aprendizaje que se toman como pauta orientativa para las decisiones metodológico-organizativas.

Por ejemplo, podemos partir de unas bases que consideren que cada alumno y cada alumna tienen estilos propios de aprendizaje (reflexivos, intuitivos, tendentes a la conceptualización, muy ligados a la aplicación práctica, basados en la observación, etc.); o podemos tomar como base la importancia del aprendizaje vicario (observación de un modelo -interiorización- reproducción motora de la conducta del modelo); o partir de la concepción de aprendizaje significativo (aquel aprendizaje que tiene sentido para quien aprende porque lo puede relacionar con sus aprendizajes previos); o considerar como una cuestión básica las expectativas para tener éxito en una tarea; etc. En todo caso, las decisiones metodológicas deberán ser coherentes con las concepciones psicopedagógicas que asumamos.

La metodología debe ser un medio: se trata de tomar las decisiones sobre cómo enseñar que se consideren más adecuadas en cada contexto para facilitar el aprendizaje que queremos que adquiera el alumnado.

De todas maneras, aunque el currículum se puede entender como la planificación de lo que queremos que el alumnado aprenda (objetivos y contenidos), de cuándo y cómo realizar la enseñanza, y de las cuestiones que se refieren a la evaluación, no se debe olvidar que, además del currículum explícito o escrito, existe un currículum no escrito u oculto. Los planteamientos metodológicos y sobre la evaluación, así como las intervenciones del profesor o de la profesora en el aula influirán de manera muy notable en la configuración de un determinado ambiente de aprendizaje, el cual influirá (se pretenda o no) en la creación o el refuerzo de determinados valores, actitudes y procedimientos, mientras que ayudará a dejar en segundo plano otros valores, actitudes y procedimientos.

El grupo-clase, y los subgrupos que se den en su seno, desarrollarán dinámicas específicas condicionadas por el ambiente de aprendizaje reinante en el aula, a la vez que las propias dinámicas grupales determinarán dicho ambiente. Las dinámicas grupales constituyen un elemento de especial importancia en los procesos de enseñanza y aprendizaje. El grupo influye sobre sus componentes, ya que las personas somos seres sociales que construimos nuestras pautas de conducta influidos por los valores, las creencias, los hábitos... de aquellos grupos que constituyen referentes para la persona en cuestión.

Para la mayoría del alumnado, el grupo-clase, y los subgrupos que forman parte de él, son grupos referenciales, es decir, grupos que presionan a sus miembros, lo cual comporta que las conductas y creencias de los alumnos y alumnas estén condicionadas por las pandillas o pequeños grupos; que el clima o estilo del grupo influya en la formación de las personalidades de sus componentes (por ejemplo, las normas de un grupo pueden determinar actitudes contrarias al trabajo escolar); que las creencias del grupo ayuden a crear estereotipos y prejuicios en sus componentes; que sea muy difícil el cambio en las actitudes de un alumno o alumna si este cambio implica actitudes contrapuestas a los valores o normas del grupo.

Otros elementos que también ayudan a constituir un determinado ambiente de aprendizaje tienen asimismo notable incidencia en los procesos de aprendizaje. Así, por ejemplo, la manera de distribuir el tiempo o la manera de organizar el espacio influyen en posibilitar determinadas situaciones de enseñanza-aprendizaje y en dificultar otras situaciones determinadas. Pero el ambiente es el resultado de la interrelación de estos y otros elementos; cuando se interrelacionan las diversas variables metodológicas, organizativas, evaluativas, los recursos... se configura un ambiente de aprendizaje. Es decir, el ambiente es el resultado del entramado de relaciones entre las distintas variables (en parte fruto de decisiones conscientes del profesorado y en parte no). Esas interrelaciones constituyen un todo, una ecología del aula; en definitiva, un ambiente de aprendizaje .

Esta idea ha sido expuesta por lo que se ha denominado el paradigma ecológico, en el cual (Pérez, 1985), haciendo referencia a los planteamientos de Doyle:

*[...]se considera la escuela como un nicho ecológico, afirmando que el contenido aprendido procede más del contexto, del clima emotivo y del escenario ambiental, que de los programas que constituyen el currículum. Considerar a la escuela como un nicho ecológico configurado por múltiples, circulares y simultáneas interacciones no elimina, sin embargo, la necesidad de diseñar la transmisión de contenidos de la manera más adecuada para que en el alumno se produzca la asimilación del conocimiento científico y el desarrollo de capacidades de investigación.*

Las decisiones de un profesor o una profesora pueden realizarse en el momento interactivo de la acción didáctica (cuando se relaciona con su alumnado) pero también se toman decisiones en las fases preactiva y postactiva (cuando planifica y cuando evalúa a posteriori). La relevante influencia del profesorado en la creación de un ambiente de aprendizaje depende de decisiones tomadas en distintos momentos del proceso de enseñanza y aprendizaje: cuando toma decisiones a partir del análisis evaluativo, cuando se comunica de determinada manera en el seno del aula, cuando planifica los procesos de enseñanza, tomando decisiones sobre, por ejemplo, qué tipo de actividades planteará o con qué materiales curriculares trabajará. Tal como dicen Loughlin y Suina (1987) «los profesores pueden prever la conducta en entornos de clase. Pueden enseñar a través del ambiente y de sus materiales».

## Componentes metodológicos que configuran el ambiente de aprendizaje

El ambiente de aprendizaje de un aula es, tal como se ha dicho, el resultado de diversos factores (características del alumnado, personalidad del profesorado, antecedentes académicos del alumnado...) pero uno de los factores con más incidencia es la metodología, entendida ésta como la interrelación dinámica de distintas variables. Cuando uno se plantea cuáles son estas variables, pueden surgir distintas listas pero, en definitiva, varían los nombres o la manera de agruparlas, pero las variables esenciales son siempre las mismas. Seguidamente se considerarán las siguientes: la organización de los contenidos, las secuencias de actividades, las técnicas de trabajo individual, los planteamientos de trabajo en grupo, el agrupamiento del alumnado, la organización del tiempo y la organización del espacio.

### Organización de los contenidos

La realidad es global, no parcelada, y el alumnado la percibe en su globalidad. Pero el profesor o la profesora puede optar por un acercamiento a esa realidad de manera disciplinar, parcelada, optando por profundizar en unos determinados aspectos o vertientes de la realidad. En todo caso, si pretendemos que el aprendizaje que realiza el alumnado tenga el máximo de sentido posible, será indispensable (independientemente que se haya optado o no por una metodología disciplinar) una actitud globalizadora, por parte del profesor o de la profesora, en su manera de enfrentarse al hecho educativo, para ayudar así a que el alumnado pueda ubicar más fácilmente cualquier nuevo contenido de aprendizaje en un conjunto más amplio de contenidos y en relación a las finalidades u objetivos generales que perseguimos.

En este sentido, es importante diferenciar los aspectos organizativos en relación a la cuestión de cuándo enseñar (con qué secuencia y con qué interrelaciones entre unos y otros contenidos) de los aspectos organizativos referidos a la cuestión de cómo enseñar. Tal como ha escrito A. Zabala (1989, 1995) el enfoque globalizador en la organización de los contenidos es una cuestión más de actitud que de técnica educativa. Por lo tanto, el enfoque globalizador se puede materializar en estrategias metodológicas de globalización pero también en estrategias interdisciplinarias e, incluso, en estrategias disciplinarias, siempre y cuando exista una actitud por parte del profesorado consistente en presentar los contenidos estableciendo relaciones con otros contenidos para que el alumnado los pueda contextualizar y ubicar en relación a sus aprendizajes previos.

La cuestión referida a cómo organizar los contenidos para posibilitar y favorecer su aprendizaje (globalmente, interdisciplinariamente...) constituye un aspecto que condicionará en gran medida las características del trabajo y la dinámica de funcionamiento del grupo-clase. Es en este sentido que si bien es cierto que, a menudo, el profesorado toma decisiones sobre las distintas variables metodológico-organizativas de manera simultánea (decide a la vez, por ejemplo, sobre las actividades que realizará, cuándo las hará, en qué espacio y con qué recursos), también lo es que su decisión sobre la organización metodológica de los contenidos constituye una opción previa, ya que condiciona las demás. Si, por ejemplo, decide trabajar globalizadamente mediante la realización de proyectos (montar una exposición, organizar unas colonias, realizar una obra de teatro, construir juegos, etc.), las actividades a realizar deberán ajustarse a un esquema de trabajo por proyectos (por ejemplo, actividades de definición del proyecto, de diseño, de realización y de evaluación posterior). Las otras decisiones (sobre distribución del tiempo, agrupamiento del alumnado, etc.) también estarán en función del proceso a seguir para la realización de un proyecto.

## Secuencias de actividades

Las actividades son el aspecto central de la dinámica de trabajo del grupo-clase. Aquí se entiende por actividad lo mismo que algunos denominan tarea; por ejemplo, explicación de un tema por parte del profesor o profesora, realización de un coloquio, de unos ejercicios escritos, visionamiento de un vídeo, etc. El profesorado puede o no tomar determinadas decisiones pero siempre debe planificar (o al menos optar por una planificación hecha por otra persona) y llevar a término actividades. Estas actividades pueden ser de distintos tipos y pueden responder a diferentes intenciones. Por ejemplo, se pueden prever actividades de motivación, de desarrollo de un tema, de refuerzo, de ampliación, de consolidación, etc. La planificación y la posterior ejecución de unas determinadas actividades estará en función de lo que se quiera conseguir en cada ocasión.

Al igual que sucede con las otras variables metodológicas, los dos referentes básicos, en el momento de plantearse cuáles serán las actividades más adecuadas, deberían ser las intenciones educativas a que han de responder aquellas actividades y su coherencia con los requisitos necesarios para que se dé un aprendizaje de la máxima calidad posible.

Por un lado, las actividades deben responder a unos determinados objetivos (capacidades a adquirir por parte del alumnado) y deben pretender servir para el aprendizaje de unos contenidos específicos. El tipo de contenido a enseñar condiciona el abanico de actividades posibles, ya que diferentes tipos de contenidos demandan diferentes tipos de actividades para facilitar su aprendizaje. Así, por ejemplo, el aprendizaje de hechos (fechas, nombres...) requerirá de actividades de memorización; el aprendizaje de contenidos procedimentales de actividades de ejercitación, etc.

En pocas ocasiones el profesorado programa actividades aisladas; generalmente planifica series o secuencias de actividades, encadenadas unas con las otras. El análisis de estas secuencias (no de las actividades aisladas) es el que permitirá conocer si se están cumpliendo los requisitos necesarios para que el aprendizaje no sea memorístico-mecánico, sino con sentido y funcional. Por ejemplo, una exposición oral del profesor o profesora o una conferencia no son actividades coherentes ni no coherentes con las condiciones favorecedoras de un aprendizaje comprensivo o con sentido. Si se parte de una motivación previa del alumnado, si el discurso se adapta a las capacidades y a los conocimientos previos de aquél, si en el propio discurso o con anterioridad se promueven dudas que provoquen en el alumnado una predisposición para encontrar respuestas, si después de la exposición se realizan actividades de comprensión, etc. la realización de explicaciones o de conferencias puede ser adecuada. Si, por el contrario, se trata de una actividad aislada (acompañada de toma de apuntes) sólo seguida de un control o examen, no se podrá considerar adecuada. Es la secuencia completa de actividades la que nos debe orientar en este sentido. Cuando se diseña una secuencia de actividades de enseñanza-aprendizaje se debe tener en cuenta que en la serie de actividades previstas aparezcan, en un orden adecuado, todos aquellos tipos de actividades necesarios para favorecer que el aprendizaje del alumnado sea lo más significativo y funcional posible.

Por lo tanto, se deberá prever una o unas actividades que susciten el planteamiento de interrogantes y de cuestionamientos por parte del alumno o alumna, ya que de esta manera se facilitará su implicación activa en el proceso de aprendizaje, implicación que es de todo punto imprescindible ya que es cada alumno y alumna quienes han de construir su propio aprendizaje. Si no se da un conflicto de conocimiento inicial, el alumnado tiende a quedarse tan sólo con aquella parte de los nuevos contenidos que confirma sus ideas previas, utilizando sesgos confirmatorios que le llevan sólo a asimilar la nueva información que reafirma sus ideas previas. Confirmar nuestras ideas y repetir nuestras maneras de hacer es lo que proporciona seguridad psicológica a las personas. Cuando nos tenemos que enfrentar a ideas nuevas (que por lo tanto nos obligan a modificar las que teníamos) o a nuevas maneras de proceder (que no hemos experimentado y que, por lo tanto, no sabemos cómo nos saldrán), nos asaltan dudas e inseguridades que rompen con nuestra *seguridad cognitiva.*

Pero, a la vez, ante estas inseguridades las personas necesitamos de respuestas que nos ayuden a conseguir una nueva seguridad de conocimiento. Para que se dé un aprendizaje real (y éste siempre supone un cambio ya que, en caso contrario, nos quedamos con lo que ya sabíamos o con la manera en que actuábamos y por lo tanto no ha habido aprendizaje) hay que prever, por lo tanto, actividades fomentadoras de duda, de preguntas y de cuestionamiento, y aprovechar este punto de partida para ayudar a que el alumnado adquiera nuevos aprendizajes que le proporcionen una nueva seguridad cognitiva.

También deben preverse actividades que faciliten la relación entre los nuevos contenidos y los aprendizajes previos, el nivel de desarrollo y las estrategias o estilos de aprendizaje de cada alumno y alumna. Esta es una cuestión clave ya que sólo se puede entender (y por lo tanto aprender) aquello a lo que podemos atribuir sentido. Hay que prever actividades que nos permitan conocer cuáles son las capacidades, los aprendizajes previos y los estilos de aprender del alumnado.

Asimismo debe pensarse en actividades que favorezcan la implicación mental del alumnado (la actividad manipulativa o física puede ayudar a que se dé esa implicación pero no es suficiente por sí sola) y en actividades que ayuden a la motivación (actividades que ayuden a valorar positivamente las propuestas para el aprendizaje y a crear expectativas positivas respecto a ellas). En relación a estas consideraciones hay que tener en cuenta, por ejemplo, que para que se dé una implicación mental se requiere que el alumnado conozca y asuma el sentido de la actividad que se propone, y que la motivación es un factor interno pero que se puede fomentar o reforzar mediante acciones externas.

En la secuencia no solamente es necesario incluir actividades que faciliten la comprensión sino también actividades de memorización y/o de ejercitación comprensiva, ya que los aprendizajes no se pueden considerar consolidados si no se han integrado en la red memorística personal (en el caso de los contenidos conceptuales, por ejemplo) y/o si no se han ejercitado suficientemente hasta llegar a crear hábitos y procesos de automatismo (en el caso de los contenidos procedimentales, por ejemplo).

La evaluación del proceso de enseñanza-aprendizaje es indispensable para poder mejorar el propio proceso a medida que se va desarrollando. Por lo tanto, las actividades de evaluación formativa y continuada también deben formar parte de la secuencia. Estas actividades facilitarán la regulación y la autorregulación de los procesos de enseñanza-aprendizaje y, en consecuencia, de la propia secuencia planificada de actividades.

En un trabajo anterior (Parcerisa, 1992) se expuso qué clases de actividades debería contemplar una secuencia para facilitar que se dieran aquellos requisitos favorecedores de un aprendizaje con el máximo de sentido posible. La secuencia debería incluir actividades del siguiente tipo:

- Para conocer o evaluar los contenidos previos de los alumnos y alumnas (conocimientos, actitudes, etc.).
- Para ayudar a motivar.
- Para ayudar a crear desequilibrios o conflictos cognitivos (...) que predispongan al alumnado a hacer el esfuerzo para buscar un nuevo contenido, una nueva respuesta, un nuevo aprendizaje.
- De búsqueda de información.
- De comprensión y de contraste con los contenidos que se tenían en el inicio de la secuencia.
- De generalización.
- De memorización y/o ejercitación.
- De evaluación.

Las secuencias de actividades que se desarrollan en un aula constituyen un aspecto nuclear del ambiente de esa misma aula, como también influirán en la configuración de ese ambiente las características específicas de cada una de las actividades. Así ocurre, por ejemplo, con las características de las exposiciones orales por parte del profesor o de la profesora. Exponer un tema oralmente al alumnado es una de las estrategias metodológicas más utilizadas. El uso y las características de las exposiciones orales pueden influir de manera importante en el ambiente de aprendizaje que se llegue a configurar en el aula.

## Técnicas de trabajo individual

Una parte del trabajo que el alumnado realiza en el centro escolar es de carácter individual, así como el que debe realizar fuera del centro (todas las variantes de «deberes» que se quieran), si se da el caso. En ocasiones, se entiende como trabajo individual aquella tarea o conjunto de tareas que realiza todo el alumnado simultáneamente, al mismo ritmo y con unas directrices muy directivistas. En este caso quizás sería mejor hablar de tarea o actividad colectiva realizada de forma individual.

Otra manera de entender el concepto de trabajo individual es considerando como tal aquél que permite adecuar la tarea a realizar a las diferencias personales (capacidades, ritmos, etc.). En este sentido, en un aula se pueden usar diferentes técnicas de trabajo individual, tales como por ejemplo los llamados rincones de actividades (organizando la clase en pequeños grupos que simultáneamente realizan actividades distintas según el rincón o espacio físico del aula donde se dirigen) o las distintas variedades de planes o contratos de trabajo individuales (basados en un compromiso, que asume el alumno o alumna, de realizar determinadas actividades en un tiempo prefijado).

## Planteamientos de trabajo en grupo

El trabajo en gran grupo (del conjunto de la clase, por ejemplo) y el trabajo en equipos reducidos o pequeños grupos es indispensable para el aprendizaje de determinados contenidos, especialmente para muchos de tipo procedimental y actitudinal. Las relaciones de grupo, por otra parte, influyen mucho en el currículum oculto y en la creación de un ambiente de aprendizaje.

Plantearse una buena dinámica de trabajo en grupo comporta analizar el grupo-clase y sus subgrupos, así como la relación de cada alumno y alumna respecto a aquellos, diferenciando las estructuras de poder de las estructuras de trabajo que se dan en el aula. Este análisis debería prestar atención a los elementos básicos que rigen las dinámicas grupales: el ambiente físico o características del espacio, el conocimiento mutuo entre los componentes del grupo, los hábitos de trabajo, el grado de homogeneidad-heterogeneidad del grupo, los esquemas de comunicación y de participación (verbal y no verbal), las normas explícitas e implícitas, los roles o papeles desempeñados por cada componente del grupo y los sistemas de control social (recompensas y sanciones de distintos tipos).

Un adecuado planteamiento de trabajo en grupo requiere planificar y aplicar técnicas que puedan ayudar a una mejor dinámica grupal, tales como asambleas de clase semanales, debates, comisiones, estudio de casos, dramatizaciones, etc.

En relación a la clase entendida como grupo y como conjunto de pequeños grupos en el seno de los cuales se dan múltiples interacciones, el profesorado debe reflexionar y tomar decisiones respecto a una cuestión que a menudo no se explicita: el modelo de interacción y de comunicación propuesto por el docente. El modelo vigente en este ámbito influirá en el desarrollo de las otras variables metodológicas y en el clima o ambiente del grupo. Aunque el modelo se plasmará a menudo a través de otras variables (criterios de agrupamiento del alumnado, por ejemplo) también lo hará en aspectos tales como el grado de clarificación y de compartimiento de objetivos entre profesorado y alumnado, la participación o no participación y la corresponsabilidad o no del alumnado en la decisión sobre las reglas y normas de funcionamiento y la negociación o no negociación de significados entre profesorado y alumnado.

En este ámbito debe distinguirse (J. Rué, 1991) entre trabajo en grupo (o en un grupo) y trabajo cooperativo. El primero consiste habitualmente en organizaciones aditivas de alumnado trabajando simultáneamente y de manera individualizada a partir de una misma pauta de trabajo formulada por el profesor o profesora. El trabajo cooperativo conlleva una estructura global fuerte, donde el alumnado diseña cooperativamente las actividades que el mismo debe realizar.

## Agrupamiento del alumnado

Los criterios sobre agrupamiento del alumnado constituyen decisiones metodológico-organizativas muy relevantes ya que influyen tanto en las posibilidades de que los procesos de enseñanza sean o no de calidad como en las interacciones que se dan en el seno del grupo-clase. Según cuáles sean los criterios en este ámbito, habrá mayor o menor coincidencia entre las agrupaciones de trabajo y las de amistad; se potenciará el trabajo cooperativo o, por el contrario, la individualización; se fomentarán las interacciones positivas y enriquecedoras o se crearán conflictos relacionales; se atenderá en mayor o menor grado a la diversidad del alumnado, etc.

Los tipos de agrupamiento (más o menos homogéneos, más o menos amplios, más o menos rígidos...) constituyen uno de los marcos dentro de los que alumnos y alumnas desarrollarán sus actividades. El profesorado debería intentar que este marco fuera flexible y adaptable, en función del tipo de trabajo a realizar (intenciones educativas específicas y secuencia metodológica), y que el alumnado se encontrara con un mínimo de confortabilidad y de seguridad personal.

## Organización del tiempo y del espacio

Espacio y tiempo son dos variables que encuadran la actividad humana. Las decisiones metodológico-organizativas sobre cómo organizar y distribuir el tiempo son especialmente condicionantes ya que las otras variables se encontrarán limitadas en sus posibilidades en función de dichas decisiones.

La organización del tiempo puede favorecer o dificultar el aprendizaje del alumnado. Por ejemplo, en ocasiones, en el horario de trabajo de un aula no parece que se haya tenido demasiado en consideración que la primera hora de la mañana es de adaptación a la situación de aprendizaje en la cual el alumnado debe acabar de despertarse para poder fijar su atención y que, por lo tanto, no es un momento adecuado para actividades que requieren mucho esfuerzo inicial; que la educación física no solamente no reposa del esfuerzo intelectual realizado en clases anteriores sino que es una de las actividades más cansadas, y que la fatiga física se suma a la mental porque las dos acumulan toxinas en la sangre; que los niños y niñas pequeños se fatigan más si no se cambia a menudo de actividad y, por lo tanto, necesitan más a menudo de tiempo libre...

La disposición del espacio, por su parte, puede ser utilizada como una estrategia de enseñanza, reforzadora de otras, ya que la influencia del entorno (sea o no consciente el profesorado de ello) es continua y de notable incidencia. La disposición del espacio puede facilitar o dificultar el trabajo en equipo, el diálogo, el interés por la lectura (dependiendo de si los libros se encuentran o no a la vista del alumnado), etc. Es importante que, de cuando en cuando, el profesorado se ponga en el lugar físico del alumnado ya que existe una diferencia notable entre el espacio visual desde la altura del adulto y el espacio visual desde la altura del niño o la niña.

## Componentes relacionados con la evaluación que configuran el ambiente de aprendizaje

La evaluación es un componente indispensable del proceso de enseñanza-aprendizaje si entendemos que, en última instancia, la evaluación tiene que servir para ayudar mejor a que cada alumno y alumna aprendan. Pero la evaluación es también a menudo un instrumento de autoridad que utiliza el profesorado para conseguir disciplina en el grupo; también es una acreditación social que permite situar a cada alumno y alumna en un determinado lugar respecto a los demás; es, asimismo, un mecanismo que usa el propio alumnado para ubicarse respecto a sus compañeros y compañeras y, de esta manera, ir construyendo y afirmando una determinada autoimagen, y creando y reforzando determinadas expectativas.

La concepción y el uso de la evaluación que se dé en el aula ayudará a la configuración del ambiente de aprendizaje (un ambiente donde lo que importa es aprender o aprobar; donde se trabaja en colaboración o individualmente; donde el error sirve para aprender o para crear expectativas negativas y falta de confianza en las propias posibilidades...).

Los criterios que se apliquen en el aula respecto a qué se evalúa (capacidades generales o conductas muy concretas; sólo el aprendizaje de conceptos o el aprendizaje de todo tipo de contenidos y objetivos; sólo el aprendizaje o también la enseñanza...); a cuándo se evalúa (en el inicio de las secuencias de enseñanza-aprendizaje, cuando han concluido, a lo largo de su desarrollo para regular los propios procesos de enseñanza); y a cómo se evalúa (mediante qué instrumentos para la recogida de la información; mediante qué tipo de análisis de la información recogida; mediante qué tipo de decisiones a partir de las conclusiones del análisis) determinarán un componente muy importante del ambiente.

No sólo los criterios respecto a la evaluación propiamente dicha influyen de manera relevante en el ambiente de aprendizaje. También lo hacen los criterios que se aplican y que se explicitan respecto a las decisiones sobre la promoción o no del alumnado al ciclo o al curso siguiente; así como los criterios respecto a la información de los resultados de la evaluación a las familias y a los propios alumnos y alumnas. Este último es un aspecto especialmente importante que, en muchas ocasiones, el profesorado no tiene suficientemente en consideración.

La manera en que el profesor o profesora informa al estudiante de sus resultados y de la evolución de su proceso de aprendizaje influye mucho en la autoimagen que va construyendo este estudiante y en las expectativas que se va configurando, y estas expectativas son un condicionante muy relevante de sus posibilidades futuras. Es decir, la confianza en las propias posibilidades para realizar una tarea ayuda de manera importante a que ésta pueda ser realizada adecuadamente, mientras que unas expectativas negativas actúan bloqueando al alumnado dificultando la realización adecuada de la tarea, tal como se ha demostrado en diversos estudios.

Sería bueno, por ejemplo, que el profesorado pensase si le gustaría encontrarse en una situación en la cual alguien investido de autoridad y prestigio institucional comentara públicamente (ante los propios compañeros y compañeras del profesor o profesora en cuestión) cuáles han sido los resultados de este docente en un examen o calificara su competencia o su actitud ante los demás. Esto es precisamente lo que sucede a menudo en las aulas, con lo que se consigue que, en muchas ocasiones, un alumno o alumna no esté interesado por saber si ha hecho bien o mal un trabajo sino preocupado por lo que oirán sus compañeros y compañeras cuando llegue el momento fatídico en que la opinión de la autoridad sobre su situación personal o su rendimiento serán expuestos ante la mirada de todos. Para algunos estudiantes la única salida «airosa» es demostrar desprecio o indiferencia por las cuestiones académicas. La influencia en el ambiente de clase de estas situaciones son evidentes para cualquier profesional de la enseñanza.

En la cuestión de las expectativas y de su influencia en el aprendizaje, también cabe una reflexión sobre las expectativas del profesor respecto a sus alumnos y alumnas: el docente tiende a estimular, a perdonar los errores, a dedicar tiempo gustoso... a aquellos alumnos y alumnas respecto a los que tiene expectativas más positivas mientras que, inconscientemente, actúa de manera contraria (aunque en ocasiones formalmente no lo parezca) ante el alumnado respecto al que sus expectativas son negativas. (Sobre esta cuestión se puede consultar un interesante trabajo de Rosenthal y Jacobson,1968).

## Ambiente de aprendizaje y atención a la diversidad del alumnado

Aceptar que cada alumno y alumna son distintos de los demás es relativamente fácil. Tratar educativamente esas diferencias y ayudar a que enriquezcan el proceso de enseñanza-aprendizaje es más difícil. En todo caso es, ante todo, una cuestión de carácter filosófico, ético o ideológico ante la cual el colectivo de un centro escolar debe plantearse hasta qué punto está de acuerdo en aceptar que cada uno de los alumnos y alumnas *tiene derecho* a que la enseñanza se adapte el máximo posible a sus posibilidades y potencialidades específicas. Es a partir de un claro posicionamiento sobre esta cuestión que se pueden plantear las cuestiones de técnica metodológica, organizativa, evaluativa... factibles para ir progresando en la atención a la diversidad del alumnado.

Tal como señalan Muñoz y Maruny (1993):

> *Los valores que fundamentan la educación en la diversidad son ante todo de carácter social y cultural. En primer lugar se parte de considerar como una riqueza, o cuanto menos como una característica de la realidad humana, la diversidad de pensamientos, creencias, capacidades, procesos, intereses, etc., de las personas y de los colectivos humanos. Es una visión del ser humano contraria a la uniformización y a la jerarquización de las personas a partir de sus diferencias.*
>
> *En segundo lugar, se considera la educación como un instrumento de promoción y desarrollo personal y social, y no como un instrumento de clasificación y de jerarquización.*
>
> *Por último, su fundamento psicopedagógico se refiere a la constatación de la diversidad y singularidad de los procesos de aprendizaje y del papel fundamental que desempeña la interacción social en su desarrollo.*

La coherencia de las estrategias didácticas y la actitud del profesorado respecto a la diversidad de ideas, de experiencias, de actitudes, de estilos de aprendizaje, de ritmos, de capacidades, de intereses, etc., marcará de manera muy relevante las características del ambiente de aprendizaje que se dé en el aula ya que, entre otros aspectos, dicha coherencia y actitud implican planteamientos metodológico-organizativos y evaluativos que responden a la coherencia indicada.

En todo caso, tal como señala N. Giné (1992) no debe confundirse el tratamiento educativo de la diversidad con la atención al alumnado con necesidades educativas especiales aunque, por otro lado, las decisiones que son adecuadas para el aprendizaje de los alumnos y alumnas con dificultades también son adecuadas para la totalidad del alumnado.

## Los materiales curriculares en el proceso de enseñanza-aprendizaje

La expresión «material curricular», como ocurre a menudo con la terminología didáctica, es definida de modos diversos por distintos autores, lo que puede crear cierta confusión. Además, no todos los autores y autoras la utilizan (se habla también de «recurso» o de «medio», por ejemplo), incluso en casos en los que se están refiriendo al mismo concepto. A. San Martín (1991) entiende como materiales,

> [...]*aquellos artefactos que, en unos casos utilizando las diferentes formas de representación simbólica y en otros como referentes directos (objeto), incorporados en estrategias de enseñanza, coadyuvan a la reconstrucción del conocimiento aportando significaciones parciales de los conceptos curriculares.*

Heid (1978, 1980) indica que, aunque en sentido amplio toda experiencia o conocimiento constituyen medios, para conseguir una diferenciación entre la propia realidad con la cual interacciona el individuo y la experiencia indirecta es oportuno limitar la utilización del término «medio» en referencia a esta experiencia no directa, y aun, dentro de ella, diferenciar entre formas organizativas de la enseñanza (exposición, dramatización, debate, etc.) y los medios de enseñanza propiamente dichos.

De entre las diversas concepciones existentes (unas muy abiertas que consideran como recurso cualquier proceso o instrumento para la enseñanza, y otras restrictivas que sólo consideran como recurso aparatos o materiales) aquí se opta por el segundo concepto, entendiendo como recurso todo tipo de materiales (y ocasionalmente aparatos) que sirvan para planificar, desarrollar y evaluar el currículum. Es en este sentido que se hablará de materiales curriculares. Aunque esta concepción es en parte restringida, debe resaltarse que no necesariamente debe identificarse exclusivamente material curricular con material para uso del alumnado sino que precisamente el concepto puede referirse básicamente al profesorado: material curricular puede ser todo material que ayude al profesorado a dar respuesta a los problemas y cuestiones que se le planteen en su tarea de planificación, ejecución y evaluación curricular. Evidentemente, entre estos materiales habrá los que serán para uso del alumnado.

A. Zabala (1990), en la misma línea, incluye como materiales curriculares:

> [...]*propuestas para la elaboración de proyectos educativos y curriculares de centro; propuestas relativas a la enseñanza en determinadas materias o áreas, o en determinados niveles, ciclos o etapas; propuestas para la enseñanza a alumnos con necesidades educativas especiales; descripciones de experiencias de innovación curricular; materiales para el desarrollo de unidades didácticas; evaluaciones de experiencias y de los propios materiales curriculares; etc.*

De todas maneras, para evitar una dispersión excesiva, en el presente libro sólo se hará referencia a aquellos materiales curriculares que están pensados para ser utilizados por el alumnado y a aquellos materiales que se dirigen al profesorado siempre y cuando se relacionen directamente con los anteriores (es el caso, por ejemplo, de los libros del profesorado publicados por editoriales de libros de texto). Así pues, por una cuestión práctica, a efectos del presente libro, se entenderá por material curricular *cualquier tipo de material destinado a ser utilizado por el alumnado y los materiales dirigidos al profesorado que se relacionen directamente con aquellos, siempre y cuando estos materiales tengan como finalidad ayudar al profesorado en el proceso de planificación y/o de desarrollo y/o de evaluación del currículum.*

## Tipos de materiales curriculares

Al igual que se da una gran diversidad de concepciones sobre lo que se debe entender por recurso, por medio o por material curricular, existen también muchas maneras de clasificar los distintos tipos de materiales. Entre las clasificaciones más usuales se encuentran aquellas que agrupan los materiales en relación a las áreas o a las disciplinas (materiales para el lenguaje verbal, para la matemática, para la psicomotricidad, etc.); este tipo de clasificaciones pueden resultar útiles para el profesorado pero tienen algunas limitaciones: parten de un enfoque disciplinar sin tener en cuenta que un mismo material puede ser utilizado de manera más globalizada y, en su análisis, mezclan tipos de materiales muy distintos tanto en cuanto a sus características formales, a sus funciones o intenciones, a los tipos de contenidos que permiten trabajar de forma prioritaria... En todo caso, este tipo de clasificaciones constatan la gran diversidad de materiales que el profesorado puede usar.

Tal como dice Heidt (1981) uno de los principales problemas en la realización de clasificaciones de medios o de recursos didácticos (léase materiales curriculares) es el de seleccionar criterios de clasificación que sean funcionales desde la perspectiva didáctica. En la bibliografía sobre didáctica se encuentran muchos criterios distintos (una recopilación organizada se puede consultar en Escudero, 1983).

Cabero (1990) agrupa un amplio repertorio de taxonomías o clasificaciones de materiales según los criterios que, a su entender, se han tenido en cuenta para realizarlas. Enumera los siguientes criterios:

- *Sensorialista* (clasifica los materiales según los sentidos, en auditivos, visuales y audiovisuales).
- *Grado de realismo* (según la semejanza con la realidad o la abstracción de ésta).
- *Lenguaje y códigos utilizados.*
- *Relación con el profesorado*, en el sentido que el material tiene unas determinadas normas y facilidades/dificultades de uso, pudiendo estar subordinado al profesorado (las diapositivas, por ejemplo) o ser el profesorado quién está subordinado al material (el caso de la televisión, por ejemplo).
- *Histórico*, que hace referencia al momento en que apareció el medio o material en cuestión (período pretecnológico, de los audiovisuales, de las máquinas de enseñar, de la cibernética).
- *Administrativo*, centrado en los sistemas de ordenación y catalogación de los materiales en el centro escolar.
- *Instruccional*, criterio que tiene en cuenta las posibles funciones didácticas que puede cumplir el material.

La UNESCO (con un criterio de tipo administrativo) propone los siguientes tipos de materiales: manuales y libros, medios para la enseñanza científica, medios para la enseñanza de la educación física, medios para la enseñanza técnica y profesional, medios audiovisuales y medios informáticos.

Tal como indica Cabero, la mayoría de taxonomías sobre medios han respondido históricamente a unas bases psicopedagógicas que toman los enfoques conductistas como referente esencial y que, por otra parte, potencian prioritariamente el estudio comparativo de los medios. Como dice este autor, la mayor parte de estas clasificaciones «se han mostrado inoperantes para ayudar al profesor a tomar decisiones respecto a la selección y diseño de medios para la enseñanza». Pero en los últimos años han aparecido trabajos basados en nuevos planteamientos, éstos han tomado la perspectiva cognitiva como referente y han potenciado estudios sobre dimensiones internas de los medios o materiales y sobre las interacciones de las variables que se dan en ellos.

Como ejemplo de estas nuevas perspectivas, se puede citar la propuesta de A. Zabala (1990), quien establece cuatro criterios posibles para clasificar materiales curriculares:

- Según los niveles de concreción, en relación al modelo curricular del nuevo sistema educativo. Por ejemplo, los materiales con propuestas de criterios y ejemplos de proyectos educativos de centro corresponderían al primer nivel; los materiales que proporcionasen pautas o ejemplos para la secuenciación de contenidos corresponderían al segundo nivel; los libros de texto o aplicaciones informáticas para un contenido específico corresponderían al tercer nivel.
- Según la intencionalidad o función del material: orientar, guiar, proponer, ejemplificar o ilustrar. Por ejemplo: libros de didáctica (pretenden orientar), guías didácticas que acompañan a libros de texto o a programas audiovisuales (pretenden guiar), libros didácticos de propuestas que presentan distintas alternativas y posibilidades (pretenden proponer), experiencias de innovación u otros ejemplos (pretenden ilustrar o ejemplificar).
- Según la tipología de contenidos: cada material incide prioritariamente en un determinado tipo de contenidos. Por ejemplo, programas informáticos o cuadernos fungibles para el aprendizaje de procedimientos; monografías o programas audiovisuales para el aprendizaje de conceptos; etc.
- Según el medio de comunicación o soporte que hacen servir. Cada soporte (papel, informático, audiovisual, etc.) tiene unas peculiaridades y posibilidades determinadas. Por ejemplo, los libros tienen un carácter estático, los ordenadores un carácter individualizador y simulador, los audiovisuales un carácter dinámico, etc.

Por su carácter formal y fácilmente identificable, en el presente libro se propone clasificar los materiales curriculares según el soporte que utilizan para iniciar así una tipología de materiales curriculares, aunque posteriormente será necesario introducir subclasificaciones y conexiones en función de otros aspectos: intenciones del material, tipos de contenidos que desarrolla prioritariamente, etc. Atendiendo a la realidad actual de uso de materiales por parte de los centros escolares, una primera clasificación adecuada puede ser la que diferencie entre materiales curriculares que utilizan el papel como soporte y otros tipos de materiales.

## Materiales que utilizan el papel como soporte

Estos materiales son actualmente los más usados en el conjunto de los centros escolares, con mucha diferencia respecto a otros. Richaudeau (1981), en un interesante trabajo realizado por encargo de la UNESCO, afirma que en la mayor parte de los países el llamado manual escolar sigue siendo el medio más económico y el más utilizado, llegando a absorber el 85% de los gastos mundiales en material pedagógico. En la concepción de manual escolar se incluye tanto los libros de texto como otros materiales editados en soporte papel, tales como atlas, diccionarios, libros para el aprendizaje del cálculo, etc.

Esta realidad justifica una atención específica en un libro como este (material que utiliza el papel como soporte, por cierto) que trata de materiales curriculares. J. Sarramona y X. Ucar (1992) proponen una clasificación de los materiales impresos que creen que puede resultar útil para los centros escolares:

- Libros (de texto o manuales; autoformativos; de consulta, tales como enciclopedias, diccionarios, etc.; literarios; de imágenes, tales como atlas históricos y geográficos, de arte, etc.).
- Folletos (coleccionables, monografías, comerciales).
- Prensa (diarios y revistas: generalistas, especializados, cómics).
- Guías didácticas (*dossiers* de actividades dirigidos al alumnado, tales como juegos de rol; o al profesorado, tales como guías complementarias de los libros de texto; tutoría de estudios para el alumnado).

## Materiales que utilizan soportes distintos al papel

Aunque en la mayoría de los centros escolares los materiales que utilizan soportes distintos al papel no llegan a influir de una manera tan relevante en los procesos de aprendizaje del alumnado como los materiales impresos, lo cierto es que aquellos materiales pueden cumplir también una función de mediadores en el desarrollo de procesos de enseñanza y aprendizaje. Su menor incidencia es debida a que se utilizan en menos ocasiones o bien para cuestiones muy concretas o a que se trata de un tipo de material muy específico, según los casos.

En los centros escolares se utilizan muchos materiales distintos, algunos con carácter más instrumental y otros más directamente didáctico: títeres, juegos, material reciclado, construcciones, material construido por el propio alumnado... y también podría incluirse cualquier tipo de material fungible, como cartulinas, rotuladores, pinceles, etc.

Los materiales informáticos y los audiovisuales tienen, respectivamente, unas características específicas. Se trata de materiales que progresivamente van teniendo un papel más destacado en la educación escolar y que, probablemente, llegarán a tenerlo mucho más, tal como se puede prever si se observa la evolución que en el llamado campo de las nuevas tecnologías se está produciendo en todos los ámbitos sociales.

Aunque la evolución tecnológica se produce a un ritmo muy acelerado, puede ser de interés la clasificación que hacía Bartolomé en 1989, ya que una cosa es el avance de esas tecnologías y otra muy distinta el avance en su utilización escolar. Desde este punto de vista la citada clasificación aún es válida. Dentro de las nuevas tecnologías diferencia entre:

- *Informática.* Esta área ha avanzado muchísimo en poco tiempo, los ordenadores cada vez son más pequeños, más potentes y consumen menos. Un cambio espectacular es el que se está produciendo con los sistemas ópticos de almacenaje de información (CD Rom, por ejemplo). Pero también en los programas (software) se está avanzando mucho. El desarrollo de sistemas de inteligencia artificial y de lenguajes de autor probablemente supondrán un gran cambio en el diseño de programas educativos.
- *Vídeo.* En esta área probablemente el gran salto tecnológico acaba de empezar. La introducción del vídeo en los ámbitos familiar y escolar se vio enormemente facilitada por la miniaturización de los aparatos. Pero, para Bartolomé, los tres grandes cambios se están produciendo actualmente: «la

sustitución de los tubos de vacío en televisores y cámaras por pantallas planas de elementos sólidos o similares; el tratamiento y registro digital de la imagen; y el formato de imagen electrónica de alta definición». También es previsible un cambio importante en los sistemas de registro, con un futuro basado en el disco óptico digital.

- *Telecomunicación.* En este ámbito, el cable óptico ha permitido a algunos centros trabajar con videotext pero las posibilidades futuras en el área de las telecomunicaciones son muy amplias ya que probablemente el gran cambio educativo en el siglo XXI se verá más influenciado por el desarrollo de los sistemas de telecomunicación que por el de la informática y el vídeo.

J. M. Sancho (1993) clasifica las llamadas nuevas tecnologías de aplicación en la educación escolar de la siguiente manera:

- *Hipermedia* e *hipertexto:* Términos utilizados por T. Nelson ya en 1965 para describir una nueva manera de concebir el tratamiento de la información mediante el ordenador consistente en medios no lineales de relacionar los datos dentro de un cuerpo de información. Un hipertexto tiene, como mínimo, tres dimensiones (largo, ancho, profundo). Si este concepto no se aplica sólo al texto sino también a la variedad de formatos (gráficos, audio, vídeo...) que actualmente tiene una información, entonces se está hablando de hipermedia.
- *Multimedia:* El término se aplica tradicionalmente a la combinación de medios (proyector de diapositivas y magnetófono, por ejemplo) pero actualmente se define como «un acceso organizado a elementos textuales (palabras y nombres), auditivos (efectos sonoros, música y voz) y visuales (imágenes fijas, vídeo y animación) sintetizado en un único sistema integrado controlado por ordenador».
- *Telecomunicaciones:* Correo electrónico y redes de telecomunicaciones.

Al tratar de las nuevas tecnologías debe diferenciarse entre el material informático y el audiovisual ya que, uno y otro, tienen características propias. Aunque esta clasificación deja al margen los sistemas integrados (multimedia), en el momento actual estos sistemas parecen estar un poco lejos de un uso relevante en el sistema educativo.

## Funciones de los materiales curriculares

Las prácticas relacionadas con el currículum son diversas y pertenecen también a ámbitos distintos. Gimeno (1988) contempla ocho ámbitos o subsistemas. Siete de ellos son los siguientes: ámbito de la actividad político-administrativa; subsistema de participación y control; ordenación del sistema educativo; ámbitos de creación cultural, científicos, etc.; subsistema técnico-pedagógico (formadores, especialistas e investigadores en educación); subsistema de innovación; subsistema práctico-pedagógico. A éstos, añade el sistema de producción de medios: «Los currícula se concretan en materiales didácticos diversos, entre nosotros casi en exclusiva en los libros de texto, que son los verdaderos agentes de elaboración y concreción del currículum».

Los materiales curriculares cumplen una función de mediación en el proceso de enseñanza-aprendizaje. Esta función general se desglosa en diversas funciones específicas que, en ocasiones, el profesorado no percibe en su totalidad, lo que aumenta la incidencia de los materiales curriculares en los procesos educativos. Los autores que han abordado la cuestión de las funciones de los materiales curriculares (Zabalza, 1989; Gimeno, 1991; Sarramona, 1992, entre otros) inciden, respectivamente, en algunas de ellas. Las funciones que pueden cumplir los materiales pueden ser las siguientes:

- *Innovadora,* al introducir un nuevo material en la enseñanza, aunque en ocasiones puede tratarse solamente de un cambio superficial y no de una verdadera innovación.
- *Motivadora,* captando la atención del alumnado.
- *Estructuradora* de la realidad, ya que cada material tiene unas formas específicas para presentarla.
- *Configuradora* del tipo de relación que el alumnado mantiene con los contenidos de aprendizaje, ya que cada material facilita preferentemente un determinado tipo de actividad mental.
- *Controladora* de los contenidos a enseñar.
- *Solicitadora,* al actuar el material como guía metodológica, organizando la acción formativa; y comunicativa, ya que los materiales constituyen una condición estructural básica de la comunicación cultural pedagógica.
- *Formativa,* global o estrictamente didáctica, ya que el material ayuda al aprendizaje de determinadas actitudes, dependiendo de las características del propio material pero también de uso que se haga de él.
- *De depósito* del método y de la profesionalidad, ya que precisamente es el material lo que cierra el currículum y se adapta (especialmente en el caso de los libros de texto) a las necesidades del profesorado más que a las necesidades del alumnado, lo cual explica por qué fracasan los materiales excesivamente innovadores; pero, a la vez, el material condiciona el método y la actuación del profesorado.
- *De producto* de consumo, que se compra y se vende, aunque de forma singular ya que se trata de un producto de consumo obligado y que se vende prácticamente en régimen de oligopolio.

Refiriéndose a esta situación oligopólica, Gimeno, citando datos del Ministerio de Cultura, destaca que el curso 1988-89 había en el mercado un promedio de 20,4 libros por asignatura entre los cuales podía escoger el profesorado pero más de una cuarta parte de la producción estaba controlada por el 0,77% de las editoriales de libro educativo; el año 1987, un 50% de la oferta vigente pertenecía al 3% de las editoriales.

Escudero (1983) señala que cualquier medio instructivo tiene tres dimensiones: semántica (su contenido), estructural-sintáctica (manera de organizarse y sistema de símbolos), pragmática (propósitos del material, uso, etc.). Junto con otros autores,

Escudero ha destacado que la importancia del medio didáctico no radica sólo en el hecho de facilitar el acceso a determinados contenidos sino que, además, condiciona el propio mensaje (el medio es el mensaje): «El medio proporciona una determinada experiencia de la realidad, y, además, el sistema de símbolos con que funciona, al referirse a la realidad de una determinada manera, exige del sujeto ciertas operaciones cognitivas en la extracción del significado que comporta». En la misma línea, Martínez (1992) escribe que «el material, en sí mismo, es también un mensaje. Los estudiantes aprenden que lo que vale la pena saber está en el interior de la cartera que arrastran todos los días de casa al colegio». El mismo autor señala que el alumnado aprende también que:

> [...]*existen dos culturas disociadas; la que es importante puesto que se da en la escuela y está contenida en el libro de texto, y la que no vale la pena aprender (puesto que* no va para examen*) y se encuentra en la calle, en las experiencias de su vida cotidiana. Y aprenden también que existen contenidos culturales que nunca están presentes en el material de trabajo en la clase: determinados tratamientos de la vida sexual, o cuestiones social y políticamente conflictivas, por ejemplo.*

Los materiales curriculares también educan a las familias, por ejemplo en el sentido de medir el progreso de su hijo o de su hija en relación a las preguntas que se formulan en el libro de texto.

La función general de mediación en el proceso de enseñanza-aprendizaje y las distintas funciones específicas que pueden cumplir los materiales curriculares pueden llegar a tener una influencia muy relevante en dicho proceso, entre otras cosas porque pueden llegar a condicionar las características de muchas de las variables que interrelacionadamente constituyen el ambiente de aprendizaje que se da en un aula e, incluso, llegar a constituir el elemento con más relevancia en la configuración del ambiente.

# 2

# Libros de texto y otros materiales curriculares

Los materiales que utilizan el papel como soporte y de manera muy especial los llamados *libros de texto* constituyen los materiales curriculares con una incidencia cuantitativa y cualitativa mayor en el aprendizaje del alumnado dentro de cada aula. Por lo cual en el presente libro se trata sobre estos materiales con más extensión.

## El libro de texto, el material curricular con más incidencia

Goldstein (1978) señala que se estima que el 75% del tiempo que el alumnado de enseñanza secundaria elemental de Estados Unidos pasa en el aula y el 90% del tiempo que dedica a los deberes, está ocupado por materiales de texto. En nuestro contexto los porcentajes no pueden ser muy distintos, incluso en gran parte de las aulas de educación primaria. La importancia de los materiales editados en soporte papel, y específicamente de los libros de texto, es muy alta, tal como indican distintos autores, como por ejemplo Marcelo (1987) cuando afirma que de todos los recursos del currículum disponibles «seguramente el que ejerce mayor influencia en los profesores a la hora de tomar decisiones respecto a la planificación sea el libro de texto».

Se puede afirmar que los materiales curriculares que utilizan el papel como soporte constituyen un recurso o medio utilizado por una amplia mayoría del profesorado de manera prioritaria y que, entre este tipo de material, tiene un papel relevante por su importancia cuantitativa lo que se ha denominado *libro de texto*, el cual constituye el recurso por excelencia para muchos profesores y profesoras. Se estima que los libros de texto llegan a condicionar de manera importante el tipo de enseñanza que se realiza, ya que muchos enseñantes lo utilizan de manera cerrada, sometiéndose al currículum específico que se refleja en él, tanto en lo que se refiere a los contenidos de aprendizaje como a la manera de enseñarlos.

La importancia de los materiales sobre soporte papel, y de los libros de texto en concreto, se constata en los datos sobre su volumen de ventas. La consideración de los libros de texto como manual único corresponde a una determinada concepción de la enseñanza para la que son muy útiles: la formación académica, la esencialmente conceptualista, y la unificadora y de aprendizaje por acumulación.

Gimeno (1992) resalta que existen diversos niveles de decisión sobre el conocimiento que realmente se transmite en las aulas: «La administración determina áreas y contenidos generales, las editoriales concretan lo que se transmite, proponiendo una cierta versión y los profesores añaden su sello personal» pero los textos, además, legitiman las áreas o asignaturas en las cuales la administración ha distribuido el conocimiento y, aun cabe añadir, juegan un papel muy importante en la decisión sobre la selección de tareas académicas a realizar. En la misma línea se han manifestado otros autores e, incluso, alguno de ellos (Rodríguez, 1993) ha aportado datos de una investigación que confirman el altísimo nivel de dependencia de la actividad del profesorado con relación al libro de texto que utiliza.

A lo largo de la historia el concepto de libro de texto ha ido variando (libro enciclopédico, programado, etc.). Las características de lo que, en los últimos años, se ha entendido como libro de texto son las siguientes: se trata de un libro que en un número determinado de páginas desarrolla el contenido de un área o asignatura para un grado o curso escolar, distribuyendo los contenidos en lecciones o unidades; generalmente está pensado para un uso centrado en la comunicación de la lección por parte del docente y el estudio individual sobre el propio libro, mediante la lectura y la realización de las actividades propuestas. En las últimas décadas los libros de texto se han caracterizado por presentar una serie de contenidos que se convierten en prescriptivos; por plantear una serie de actividades cerradas, homogéneas y, en ocasiones, autosuficientes (no siendo necesario recurrir a otros materiales); por ofrecer unidades cerradas.

De todas maneras, esta concepción se ha ampliado recientemente, debido a la aparición en el mercado editorial de otros tipos de materiales: cuadernos de actividades, libros de lectura cuya temática está relacionada con determinadas unidades didácticas, etc. Atendiendo a esa concepción más amplia del material curricular en soporte papel se pueden establecer cuatro grandes tipos (Zabala y Parcerisa, 1995), aunque hay materiales que reúnen características mixtas:

- Libros expositivos o de información.
- Libros expositivos con propuestas de actividades.

Dentro de este tipo se encuentran distintos subtipos ya que el desarrollo de cada tema o unidad didáctica puede responder a esquemas distintos: información seguida de propuestas de actividades; información seguida de una o varias propuestas de actividades que, a su vez, vuelven a ser seguidas de nueva información, y así sucesivamente; propuesta de una actividad o de actividades seguidas de una parte informativa; etc.

- Materiales con propuestas de actividades, tales como cuadernos estructurados en unidades didácticas o cuadernos de ejercitación.
- Libros de lectura.

La concepción de libro de texto, y de material curricular en soporte papel en general, se ha modificado en algunos aspectos. En todo caso, su incidencia no ha disminuido y, ante ello, quizás lo más adecuado sea plantearse cómo mejorar su calidad y su uso didácticos. En las conclusiones del III Encuentro Nacional sobre el Libro escolar y el Documento Didáctico en la Educación Primaria y Secundaria (Varios, 1993) se recogieron, entre otras, las siguientes consideraciones:

- El libro escolar, como elemento didáctico referencial, suscitador de actividades significativas y funcionales, tiene que seguir presente en la educación, aunque nunca como única fuente de aprendizaje.
- Cualquier libro escolar a utilizar en la educación obligatoria debe estar concebido desde una óptica abierta e interdisciplinar.
- Tiene que ser un instrumento abierto a la iniciativa del profesorado.
- No se considera conveniente la uniformidad de los libros de texto para contextos educativos diferentes.
- Los libros podrán referirse también a espacios educativos inferiores o superiores a un año académico.
- Los libros y otros materiales didácticos también deben hacer referencia al campo de las actitudes, los valores, las destrezas...
- La secuenciación, tanto psicológica como de contenidos, ha de ser planificada con cuidado.

## Algunas características del mercado del libro de texto y otros materiales en soporte papel

Diversos autores han incidido en el carácter de producto comercial de los libros de texto y otros materiales impresos, señalando que al tratarse de una mercancía regulada por la ley de la oferta y la demanda, las decisiones más importantes sobre su producción se toman en función del mercado (Martínez, 1992) ya que no debe olvidarse que los libros de texto tienen un trascendente valor económico.

Se trata de un mercado muy concentrado, tanto en nuestro país como, por ejemplo, en Estados Unidos donde se estima (Apple, 1989) que los cuatro mayores editores de texto cubren el 32% del mercado, donde las ocho firmas más importantes controlan el 53% y donde los veinte mayores controlan más del 75% de las ventas. En España, desde hace algunos años, se estima que dos editoriales, Santillana y Anaya, controlan en conjunto más del 60% del mercado; en 1989 facturaron, respectivamente, 11.000 y 10.000 millones de pesetas, según Carrasco (1991). En un informe publicado en la revista especializada *Delibros*, Villamor (1994) aseguraba que la facturación en 1994 por ventas de libros de texto sería de 50.000 millones de pesetas, con una media de gasto anual por alumno español de 10.000 pesetas en primaria y de 15.000 pesetas en secundaria.

El diseño del libro y las estrategias de *marketing* constituyen piezas clave en este mercado, en el que, a diferencia de otros tipos de edición, no se define el público potencial en función de los verdaderos lectores del libro sino de su profesor o profesora. Debido a que los editores de libros de texto producen relativamente pocos títulos, se produce una fuerte presión sobre el personal de edición y otro personal de la empresa para garantizar las ventas de los libros editados. En muchas ocasiones el proceso de producción es en gran parte rutinario y lo que interesa es comercializar textos de contenido estándar que, con revisiones, puedan ser utilizados durante muchos años. En ocasiones la propia autoría se ve sometida a fuertes presiones de carácter comercial e, incluso, a procesos de riguroso control donde se trabaja por encargo atendiendo a un estricto control de costes y donde lo que importa es escribir lo que se vende, no lo que es importante enseñar.

La evolución del libro de texto ha sido constante en todos los aspectos. En la vertiente de la edición los avances han sido espectaculares: hasta mediados del siglo XX los libros se componían tipográficamente y las ilustraciones solían tener un solo color pero con el uso de la litografía y las cuatricomías, desde los años 50-60, los libros empezaron a imprimirse a todo color, especialmente los de educación primaria. Las nuevas tecnologías en el campo de la edición de libros permiten, además, precios más asequibles. Esta evolución explica, en gran parte, la importancia cuantitativa que han adquirido los libros de texto, y secundariamente otros materiales en soporte papel.

## El libro de texto, objeto de crítica

Las críticas negativas a los libros de texto no son algo reciente, González y Zaragoza (1985) recogen críticas del año 1901 en el sentido de que los libros de texto no se escriben en la mayoría de los casos con propósito realmente didáctico sino para dar respuesta a las preguntas de los exámenes; Freinet (1980) los critica con dureza porque están especialmente elaborados teniendo en cuenta programas y exámenes; más recientemente diversos autores han puesto de manifiesto el papel de los libros de texto en el proceso de descualificación del trabajo docente, al ser el libro de texto «una herramienta *ya pensada*, para que el profesor o profesora no tenga que pensar. Es una herramienta -un medio de producción cultural- *separado* de quienes van a utilizarlo, elaborado en un contexto externo a la práctica de sus usuarios, los profesores» (Martínez, 1991).

Por su parte, Torres (1991) ha señalado que, desde los presupuestos de las teorías que configuran la educación escolar como reproducción cultural, los materiales curriculares (él habla de recursos didácticos) «funcionan como filtro de selección de aquellos conocimientos y verdades que coinciden con los intereses de las clases y grupos sociales dominantes» y, además, se considera que «desempeñan un papel muy decisivo en la reconstrucción de la realidad que efectúan tanto el alumnado como el profesorado». En consecuencia, los gobiernos siempre han tratado de supervisarlos, como también lo hacen otros poderes, el eclesiástico, por ejemplo. Los materiales curriculares seleccionan y ponen énfasis en determinados significados y prácticas y, consecuentemente, silencian otros. Pero algunos de esos significados son difíciles de ocultar por lo que entonces se reinterpretan o se explican de forma que se dificulte la comprensión de su significado real. Torres señala cinco mecanismos principales para distorsionar la realidad en los libros de texto:

- Suprimiendo información: omitiéndola o negándola.
- Añadiendo información: inventándola.
- Deformando la información: cuantitativamente (exagerando o minimizando los datos); cualitativamente (con mentidas sobre la identidad, las características, los

motivos... de unos personajes, hechos, etc.); o inventando la realidad (deformando un suceso o personaje hasta hacer que signifique todo lo contrario de lo que realmente es o bien volviendo una acusación contra el adversario).

- Desviando la atención: llamándola sobre otro personaje, suceso, etc. o dando informaciones contradictorias.
- Haciendo referencia a la complejidad del tema y a las dificultades que supone conocerlo.

Los cambios de orientación en el poder político han sido sucedidos históricamente por cambios en el libro de texto. Municio (1990) ha realizado un estudio interesante en este sentido.

Zabala (1990) sintetiza las principales críticas que han recibido los libros de texto, agrupándolas en dos perspectivas: la primera relacionada con la información que contiene el libro, la segunda sobre el uso implícito a que induce. Entre el primer tipo de críticas se incluyen el tratamiento unidireccional de los contenidos, sin presentar puntos de vista distintos; la mediatización de los contenidos por numerosos intereses; el dogmatismo y la presentación de los conocimientos como algo acabado y sin posibilidades de ser cuestionado; el currículum ausente. Entre las críticas del segundo tipo incluye fomentar una actitud pasiva por parte del alumnado; no potenciar la investigación ni el contraste entre la educación escolar y la realidad extraescolar dificultando la actitud crítica por parte del alumnado; no posibilitar los tratamientos más cercanos al contexto del alumnado, dificultando los enfoques globalizadores o interdisciplinarios; no respetar ni la forma ni el ritmo de aprendizaje de cada alumno y alumna; y fomentar principalmente los aprendizajes mediante la memorización mecánica.

Otro autor, que no debe confundirse con el anterior, Zabalza (1985), ante las críticas negativas a los libros de texto realiza algunas consideraciones interesantes cuando apunta que «el texto no contiene ni más ni menos ideología de la que está presente en cualquier otro componente del sistema didáctico» y que, alrededor del libro de texto se ha producido un debate radicalizado y a la vez retórico, ya que «los profesores que denostaban el texto en sus intervenciones públicas, siguen usándolo en su trabajo».

El planteamiento que apunta como correcto, y con el cual sintoniza plenamente el presente libro, es el de que, por encima de la defensa o del ataque, existe la necesidad de analizar los libros, los cuales son a menudo los únicos documentos y materiales de trabajo elaborados sistemáticamente con que cuenta el profesorado.

## Los materiales curriculares y las disposiciones de la administración educativa

Una de las características específicas de los libros de texto es que para poder ser utilizados en los centros escolares deben de haber sido autorizados por la administración educativa. Por este motivo, es de interés conocer qué disposiciones prescriptivas y qué orientaciones establece dicha administración. Aunque se dan diferencias entre los distintas comunidades que configuran el Estado español, se trata de diferencias en cuestiones muy particulares. Aquí nos fijaremos en las disposiciones del Ministerio de Educación y Ciencia.

El Real Decreto 388/1992, de 15 de abril, «por el que se regula la supervisión de libros de texto y otros materiales curriculares para las enseñanzas de régimen general y su uso en los centros docentes» establece que:

> [...]*se introduce como elemento principal del proceso de autorización la presentación del proyecto editorial que sirve de guía para la elaboración de los materiales curriculares de las diferentes áreas. Se trata de garantizar, de esa manera, el respeto a la libertad de los editores para desarrollar de manera creativa los contenidos del currículo y, al mismo tiempo, de salvaguardar la unidad y coherencia de los planteamientos curriculares propuestos por el Gobierno...*

Cada editorial tiene que elaborar su propio proyecto curricular y, en función de éste, materiales para el alumnado y para el profesorado. Algunos de los planteamientos clave del nuevo sistema educativo quedan reflejados en las directrices ministeriales, por ejemplo en el artículo 2.4. donde se establece que: «Los proyectos prestarán atención a la diversidad del alumnado, proponiendo actividades de refuerzo y ampliación, a fin de que los materiales que se editen permitan al profesorado seleccionar aquellos que mejor se adapten a las características de sus alumnos».

Ya en el Diseño Curricular Base, de 1990, se recogía esta preocupación por la atención a la diversidad: «La diversidad de los alumnos exige también la diversidad de los materiales si queremos respetar el principio de la individualización de la enseñanza». Esta cuestión es una de las más complejas ya que probablemente la mayor dificultad que plantea trabajar con libros de texto es precisamente atender a la diversidad.

La administración da importancia al hecho de que los materiales deben estar autorizados precisamente porque valora el relevante papel que tienen en los procesos de enseñanza-aprendizaje, tal como se señala en la Ley Orgánica General del Sistema Educativo (LOGSE) cuando se trata de la atención prioritaria al conjunto de factores que favorecen la calidad y mejora de la enseñanza y se señala que entre estos factores se encuentran los materiales didácticos. Pero lo cierto es que, aparte de mantener el requisito de autorización, la administración ha proporcionado muy pocas directrices y orientaciones sobre cómo elaborar los materiales para el nuevo sistema educativo, lo cual ha provocado críticas por parte del sector editorial.

Es en este sentido de falta de orientaciones que Cuesta (1992), en un artículo sobre el libro de texto, recoge que «algunos editores se han quejado de la indefinición de las administraciones. Según estas fuentes, esa indefinición oficial ha hecho que gran parte de la plasmación de los nuevos materiales y textos necesarios para la Reforma, haya recaído y sea responsabilidad de los equipos de pedagogos y profesionales en sus empresas».

Para acercarnos al conocimiento de los criterios concretos de la administración respecto a la elaboración de materiales curriculares en sintonía con el nuevo sistema educativo, hay que recorrer a alguna fuente indirecta, como un artículo de Marchesi y Martín (1991) o como puede ser la Resolución de 31 de enero de 1990 en la cual la Secretaría de Estado de Educación del MEC convoca un «Concurso Nacional de Materiales Curriculares» en el cual se indica que los materiales deben reunir las siguientes características:

- Tienen que concretar los objetivos del ciclo y pormenorizar y secuenciar los contenidos.
- Deben ajustarse a los principios recogidos en el Diseño Curricular Base.
- Tienen que ser sensibles a las diferencias individuales de los alumnos, especialmente de aquellos que presentan necesidades educativas especiales.
- Tienen que prestar atención a aspectos como la igualdad de oportunidades de los sexos y a la incorporación de las nuevas tecnologías.
- Estarán dirigidos al profesorado para facilitar su trabajo en el aula.

## Materiales informáticos

La informática se ha convertido en algo habitual en nuestra sociedad y, progresivamente, a un ritmo más lento de lo que algunos pronosticaban, va ocupando un sitio en los centros educativos. Meder (1993) establece la siguiente tipología de materiales curriculares informáticos:

- Programas para actividades de práctica y de formación. Enseñanza de conocimientos específicos en etapas o fases previamente determinadas.
- Programas tutoriales, con explicaciones adicionales, de ayuda e instrucciones, aparte de los ejercicios de formación.
- Juegos educativos.
- Programas de simulación.
- Programas para enseñar estrategias de resolución de problemas.

Castillejo (1987) distingue las siguientes funciones que pueden cumplir los ordenadores:

- Funciones tutoriales: ejercitaciones, instrucción, evaluación y facilitación de cálculos, tratamiento de datos, etc.
- Funciones de aplicación: simulación, tratamiento de textos, solución de problemas y diseño.
- Alfabetización informática: lenguaje y dominio de la máquina.
- Apoyo al profesorado: bases de evaluación, redes de comunicación y programas informáticos.

## Materiales audiovisuales

Entre el material audiovisual debe incluirse tanto el de aparición más reciente (el vídeo, por ejemplo) como el más tradicional (las diapositivas, fotografías, láminas...). El material audiovisual de tecnología más actual ha entrado en los centros educativos pero, en general, su uso es limitado, tanto en el sentido cuantitativo como en el cualitativo (sólo se utiliza una parte de sus posibilidades).

A título de ejemplo vale la pena reproducir algunas de las posibilidades de uso del vídeo enumeradas por Cebrián (1987):

- Para la producción y creatividad.
- Para el análisis de la realidad circundante.
- Para la investigación y el seguimiento de procesos de laboratorio.
- Para la autoobservación.
- Para informar.
- Como material de archivo.
- Como material estrictamente curricular.

## Las posibilidades y el futuro de las nuevas tecnologías en la enseñanza

*En este mundo futuro de abundancia pedagógica, los niños y los adultos estarán en condiciones de recibir, en su aparato de televisión, el programa educativo que hayan escogido. Cuando Mariona no pueda dormir aprenderá álgebra. En su lugar de aprendizaje a domicilio, encontrará ejercicios interesantes, presentados de manera interactiva como los juegos de vídeo. En primer lugar, el programa evaluará sus competencias, después le propondrá un nivel adecuado de dificultad. Entonces, descubrirá el álgebra como una serie de rompecabezas y enigmas a resolver.*

*Por su parte, Juan quizás decidirá aprender la historia contemporánea del Japón. Sólo necesitará entrar en contacto con los mejores profesores, que tienen autoridad en la materia, los cuales le propondrán, con ilustraciones y gráficos sorprendentes, un relato histórico en vídeo (...) y cuando quiera aprender japonés accederá a un programa de realidad virtual, gracias al cual hablará con interlocutores japoneses.*

Este texto de Ravitch, de 1994, publicado en *The Economist* y reproducido por la revista *El Temps*, pronostica un futuro cercano, con la utilización de las nuevas tecnologías, en el cual los canales y las características de la enseñanza serán muy distintos de las actuales. La misma autora añade: «Las posibilidades educativas de las nuevas tecnologías son casi ilimitadas» y: «Los cambios demográficos obligarán a las sociedades postindustriales a redefinir la manera como educan a sus ciudadanos».

Entre los apologistas de una de estas nuevas tecnologías (el ordenador) destaca con luz propia Papert, quien, ya en 1985, en su interesante obra *Desafío a la mente* escribía:

*Es posible diseñar computadoras de manera tal que aprender a comunicarse con ellas pueda ser un proceso natural, más semejante a aprender francés viviendo en Francia que al proceso antinatural de la enseñanza norteamericana de un idioma extranjero en un aula. (...) ...aprender a comunicarse con una computadora puede modificar el modo en que se producen otros aprendizajes. (...) Estamos aprendiendo a fabricar computadoras con las que los niños adoren comunicarse. Cuando tiene lugar esta comunicación, los niños aprenden matemática como un lenguaje viviente. Más aun, la comunicación matemática y la alfabética se transforman de este modo, de cosas ajenas y por lo tanto difíciles para la mayoría de los chicos, en cosas naturales y por consiguiente fáciles.*

Y en la misma línea de las afirmaciones de Ravitch, añade:

*Nos hallamos en un punto de la historia de la educación en que el cambio radical es posible, y la posibilidad de ese cambio está enlazada directamente con el impacto de la computadora. (...) ... la presencia de la computadora está en vías de crear un ambiente para el cambio.*

El panorama dibujado por Ravitch y por Papert es, como mínimo, sugerente. De todas maneras, son muchas las incógnitas que a uno se le plantean en cuanto al papel de las nuevas tecnologías en el mundo de la enseñanza. La educación formal no ha sido tradicionalmente un prototipo de cambio acelerado, sino todo lo contrario. Por otra parte, el futuro no parece tan manifiestamente claro cuando se tiene en cuenta que si bien es cierto que con la tecnología de la información se dispone (o se dispondrá plenamente muy pronto) de los medios para desarrollar un sistema educativo alternativo, los obstáculos para hacerlo viable no serán, tal como apunta Somekh (1993), ni los recursos ni la falta de herramientas potentes disponibles, sino las estructuras sociales, las rutinas establecidas, las expectativas y las necesidades emocionales de las personas. En este sentido, por ejemplo, no se puede olvidar el papel social de guardería que cumplen los centros escolares.

En todo caso, es palpable que en la actualidad los centros escolares se encuentran aún lejos de una utilización significativamente importante de las nuevas tecnologías. Probablemente una de las causas sea que todavía no han progresado suficientemente, sobre todo en *hardware*, como para posibilitar un uso individualizado mayoritario, económico y sin problemas de espacio de las nuevas máquinas, especialmente en lo que se refiere a la informática. La alternativa actual realista aún se limita al aula específica de informática con todos los problemas de tipo práctico que eso supone.

Haciendo referencia a la situación actual en el caso concreto de la integración del ordenador en nuestro sistema educativo, Escudero (1993) propone ser realistas y considerar cuál es la incidencia real de las nuevas tecnologías en los centros escolares españoles: «en nuestras aulas sigue imperando básica y generalizadamente la tecnología vinculada con la (...) revolución *tecnológica* del siglo XVI: el texto y la letra impresa impera y domina en todas partes».

Por otra parte, debido a la gran influencia de los aspectos económicos en todo aquello que se relaciona con las nuevas tecnologías, se corre el peligro, tal como han apuntado diversos autores (M. Shallis, 1986; Ferraris, 1993; Escudero, 1993) de que si el enfoque se basa en el tecnocentrismo nos podemos encontrar que siempre vamos corriendo detrás de la tecnología más reciente en una carrera perdida de antemano aunque sólo sea porque el desarrollo tecnológico es mucho más rápido que el ritmo de adaptación escolar. Los fabricantes y los que promueven la tecnología dirigen a la gente por determinados caminos vendiendo tecnología como progreso, en el sentido de que hacia donde vaya la tecnología ha de ir la sociedad. La alternativa debe ser que las nuevas tecnologías se integren en programas educativos y no al revés, como sucede cuando alrededor del medio tecnológico se genera un proyecto pedagógico.

Las nuevas tecnologías consideradas como recursos o materiales currriculares deben cumplir precisamente esa función: ayudar al profesorado, mediar en el proceso de enseñanza intencional-aprendizaje. Diversas investigaciones (Miller y Olson, 1992; Olson, 1992 ) han llegado a la conclusión de que la utilización del ordenador puede ampliar las prácticas innovadoras en el aula pero el ordenador no suele ser la causa de tales prácticas ya que las innovaciones dependen especialmente de la concepción previa que el profesor o la profesora tenga sobre su propia práctica pedagógica y no tanto de que se introduzca un ordenador en la clase.

Apple (1989) se muestra también crítico cuando recoge los resultados de investigaciones norteamericanas que indican que pocos maestros reciben una información de fondo antes de aplicar currícula a informatizados, con lo cual se ven obligados a confiar en materiales prefabricados, en el *software* existente y especialmente en el material comprado a alguna de las múltiples firmas manufactureras de *software* que están surgiendo entre una gran carencia de regulación.

De todas maneras, es evidente que (con todas las limitaciones y relativizaciones pertinentes) las nuevas tecnologías pueden llegar a ser una ayuda importante para la enseñanza. En el caso concreto de los ordenadores, Delval (1986) señala como aspecto positivo el interés que la mayoría del alumnado suele manifestar por su uso, atribuyendo este interés al hecho de tratarse de máquinas que plantean dificultades pero que si se las maneja correctamente se consigue que hagan su trabajo; se trata de un instrumento que es a la vez poderoso y controlable. Pero no todos los autores coinciden en este punto. Así, por ejemplo, Martínez (1992), haciendo referencia a lo que diferentes autores han llamado «efecto novedad» (Clark y Sugrue, 1988), indica que no debe confundirse el interés inicial del alumnado y del profesorado por los medios tecnológicos con las peculiaridades de éstos, ya que este interés puede decaer rápidamente.

Se constata que las nuevas tecnologías aplicadas a la enseñanza constituyen una cuestión polémica, con un futuro que algunos ven como desencadenante de cambios radicales en la educación y otros como una posible oportunidad perdida para mejorar realmente la calidad de la enseñanza dentro de unos parámetros de justicia social. En todo caso, es evidente que, hoy por hoy, la incidencia de estas tecnologías en la educación escolar es aún mínima, ya sea por causas técnicas de desarrollo limitado del *hardware* y/o por causas sociales o sociopolíticas referidas al papel que juega la educación escolar en el seno de la sociedad.

Resta añadir que por su carácter de fenómeno social relevante, las nuevas tecnologías pueden desempeñar dos papeles distintos en el ámbito escolar: pueden constituir algo a estudiar y pueden convertirse en un material curricular. En este libro se ha elegido la segunda concepción, aunque eso no significa evidentemente que la primera no deba tener un papel relevante en el currículum. En este sentido Cabero (1992) apunta que las perspectivas futuras han llevado a algunos autores «a hablar de la necesidad de segundas y terceras alfabetizaciones: lectura de la imagen y alfabetización informática; sin las cuales podemos tener problemas de adaptación a los espacios socioculturales y económicos futuros».

## Otros tipos de materiales

Como se ha comentado anteriormente, el concepto de material curricular puede ser muy amplio proporcionando cabida a una gran diversidad de materiales. En todo caso, si nos limitamos a la concepción de material acotada en este libro (materiales dirigidos al alumnado y materiales dirigidos al profesorado si se relacionan directamente con los anteriores) se puede diferenciar entre materiales con carácter instrumental (fungibles, como gomas o lápices) y materiales con un carácter más directamente didáctico (juegos, material reciclado, ropas para disfrazarse, ábacos...). Este tipo de materiales, en general, se utiliza puntualmente al servicio de las necesidades de un proyecto docente que se desarrolla en el aula, a diferencia del papel directivo y configurador de la práctica que a menudo desempeñan los libros de texto y, en algunas ocasiones, otros materiales citados anteriormente.

# 3

# ¿Cuáles son los materiales más adecuados?

Los materiales curriculares uniformes y homogéneos responden a planteamientos que han caracterizado lo que se ha denominado como educación escolar más tradicional. La mejora de la calidad de la educación requiere de procesos de innovación en los que se implique el profesorado y en los que, entre otros aspectos, se produzca un cambio en los materiales curriculares ya que (Fullan, 1991) «cualquier innovación comporta inevitablemente el uso de materiales curriculares distintos a los utilizados habitualmente».

Pero aun con nuevos planteamientos educativos o en procesos de innovación, los materiales siguen siendo necesarios y los libros de texto (en todo caso *nuevos* libros de texto) se seguirán utilizando y probablemente seguirán teniendo mucha incidencia. Es en este mismo sentido que, ante el proceso de reforma del sistema educativo que se está desarrollando en España, Coll (1989), el autor del modelo curricular adoptado, señala que «en el marco de un planteamiento curricular abierto como el que propone el proyecto de Reforma, la elaboración, recopilación y difusión de materiales curriculares es otro de los aspectos clave».

En los últimos años se ha producido una evolución notable en los libros de texto, tal como se ha comentado anteriormente, lo que ha llevado incluso a que algunos autores y autoras hayan propuesto un cambio de denominación; Canals y Roig (1992), proponen denominarlos «libros de uso individual del alumno», por las connotaciones peyorativas que tiene el término. Aunque quizás no sea necesario, ni viable, plantearse un cambio de nombre, lo cierto es que el concepto de libro de texto mayoritariamente aceptado no incluiría, por ejemplo, un libro informativo o de consulta sin propuestas de actividades. Esta exclusión no tiene otra justificación que la concepción que históricamente se ha tenido de los libros de texto. Pero plantearse si los libros de texto pueden ser adecuados en procesos de innovación educativa requiere replantearse, al mismo tiempo, el propio concepto de libro de texto.

Cuando alguien se pregunta cuáles o de qué tipo son los materiales curriculares más adecuados, hay que tener presente que la respuesta debe tener en cuenta las características de los propios materiales pero que, asimismo, su grado de adecuación estará en función del uso que se haga del material. Decidir sobre la adecuación de un material comporta un proceso en el que primero hay que manifestar una opinión sobre el grado de adecuación y posteriormente sobre la manera más adecuada para usarlo. Un material será más o menos adecuado como recurso en un aula también en función de cuál sea la manera prevista de utilizarlo.

## Materiales y flexibilidad del currículum

El debate a favor o en contra de la existencia de un currículum centralizado se basa en principios de filosofía educativa, no en simples razones técnicas. Precisamente esto ha provocado que en algunos momentos este debate haya llegado a tener una elevada virulencia. En este sentido se puede consultar un artículo de Green (1986) en el cual se hace referencia a la serie de «Libros negros» publicados por el defensor del control del currículum, en Gran Bretaña, y que tienen como puntos básicos, por ejemplo, los siguientes:

> *Los niños no son buenos por naturaleza. Necesitan una disciplina firme y llena de tacto por parte de los padres y los profesores con pautas claras (...). Los exámenes externos son esenciales (...). Sin tales comprobaciones, los niños bajan. Los niños de clase trabajadora sufren cuando solicitan empleo si no pueden presentar pruebas de su valía conseguidas en exámenes autorizados. (...) Se puede tener igualdad o desigualdad de oportunidades; no se pueden tener ambas cosas. La igualdad significará la contención (o la nueva privación) de los niños más inteligentes.*

Un texto de Kirk (1989) recoge argumentos favorables y desfavorables a la existencia de un currículum básico prescriptivo establecido por la Administración. Sus argumentos se pueden esquematizar en el cuadro 1.

De todas maneras, no todos entienden de la misma manera el concepto de currículum centralizado o el concepto de currículum básico, ya que se trata de una cuestión de grado. Kirk es partidario del currículum básico pero lo entiende como el establecimiento de unos mínimos donde es posible un margen de decisiones importante por parte de las instancias locales y de los propios centros escolares. Probablemente, la traición pedagógica británica de Kirk no se encuentre al margen de su concepción, la cual quizás sería más cerrada (más centralista) si procediera de una tradición francófona.

En todo caso, la importancia de los libros de texto se da tanto en aquellos contextos donde existe un currículum centralizado estatal como en aquellos donde no existe dicho currículum. Así, por ejemplo, en Estados Unidos, donde no existe un currículum básico para todo el país ni pruebas evaluativas de validez general, y donde cada Estado elabora su propia política educativa y cada centro tiene muchísimas competencias curriculares, en la práctica los niveles de rendimiento vienen establecidos por los test normalizados de opción múltiple, utilizados para evaluar lo que están haciendo los centros públicos, y por los manuales escolares.

Pero cuanto más abierto y flexible sea un currículum, es decir, cuanto mayor sea el margen de autonomía que tienen los centros escolares para tomar decisiones en la definición del currículum específico que desarrollarán, más importante será seleccionar y

Cuadro 1.

A FAVOR DE UN CURRÍCULUM CENTRALIZADO
- Control público de las prioridades.
- Garantizar utilidad para la vida adulta.
- Incluir elementos esenciales que preparen para participar en una sociedad democrática.
- Adaptación a las disciplinas
- Actuación del profesorado de acuerdo con los objetivos establecidos por la comunidad.
- Muchos países consideran que un currículum básico es un medio para crear una sociedad justa.
- Facilitar la continuidad dentro del sistema educativo.

A FAVOR DE UN CURRÍCULUM DESCENTRALIZADO
- Libertad de elección y autonomía del alumnado.
- Respeto a las diferencias individuales.
- Imposibilidad de consensuar las actividades y las áreas de conocimiento más importantes.
- Pluralismo cultural y educación multicultural.
- Derecho de los grupos a tomar decisiones respecto a temas que les afectan (incluidas las necesidades locales).
- El profesorado es el mejor experto; hay que respetar su autonomía profesional.

establecer criterios de uso de los materiales curriculares, de tal manera que esos materiales y su uso puedan ser adecuados para llevar a término el proyecto curricular del centro.

A su vez, debido a que elaborar y desarrollar un currículum propio del centro, de cada etapa, de cada ciclo y de cada aula no es una tarea sencilla, es importante poder contar con materiales de apoyo dirigidos al profesorado. El problema de estos materiales es de mercado, ya que éste es mucho más restringido que en el caso de los materiales dirigidos al alumnado por lo que las editoriales del sector del libro de texto sólo editan materiales para el profesorado cuando consideran que estos materiales servirán como refuerzo para aumentar las ventas de los libros del alumnado.

En todo caso, es importante poder contar con materiales para el profesorado, los cuales deberían (Del Carmen y Zabala, 1990) presentar propuestas con su fundamentación, con una previsión de situaciones opcionales (incluyendo diferentes formas de iniciar y diferentes niveles de realización de las actividades así como la propuesta de un amplio abanico de actividades para trabajar los diferentes contenidos planteados) y potenciando la toma de decisiones por parte del profesorado; incluir ejemplos referidos a contextos concretos que enfaticen la necesidad de adecuarse a cada situación particular; valorar los diferentes grados de dificultad en el uso de los materiales, ofreciendo vías complementarias para atenderlos (vocabularios, actividades previas, etc.).

## Materiales y formación integral de la persona

La adecuación de un material también estará en función de los objetivos que se pretendan conseguir mediante los procesos de enseñanza-aprendizaje. Si se opta por un planteamiento de formación integral de la persona será necesario plantearse la enseñanza de todo tipo de contenidos (conocimientos, habilidades, estrategias, actitudes...). El aprendizaje de diferentes tipos de contenidos requiere de estrategias didácticas también diferentes: el aprendizaje de hechos necesita de actividades de repetición verbal, el aprendizaje de conceptos y de principios demanda actividades más complejas que cuestionen y modifiquen los esquemas mentales, aprender procedimientos requiere ejercitar estrategias de actuación y la identificación de situaciones en las que pueda aplicarse el procedimiento, el aprendizaje actitudinal requiere recurrir a actividades de reflexión, a la presentación de modelos imitables, a la creación y orientación para la resolución de situaciones conflictivas. Por lo tanto, para enseñar diferentes tipos de contenidos se requerirán diferentes estrategias. Los materiales curriculares a los que recurra el profesorado deben servirle, en su conjunto, para la enseñanza de contenidos de tipo diferente.

Hay materiales más adecuados para un tipo de contenidos que para otros. Sarramona (1992) elabora una tabla sobre la funcionalidad curricular de los distintos tipos de materiales reproducidos en el cuadro 2. (El número de asteriscos indica la potencialidad intrínseca de cada recurso o material para conseguir objetivos de los ámbitos indicados).

Cuadro 2

| | Saber | Saber hacer | Actitudes |
|---|---|---|---|
| Libros de texto | *** | * | * |
| Pizarra | *** | * | * |
| Transparencias | ** | * | * |
| Diapositivas | ** | * | * |
| Registros sonoros | ** | ** | ** |
| Maquetas | * | ** | ** |
| Montajes audiovisuales | ** | ** | ** |
| Vídeo | *** | *** | ** |
| Material informático | ** | ** | ** |
| Vídeo interactivo | *** | *** | *** |

Plantearse una educación integral demanda el uso de materiales diversos. No se debe olvidar, de todas maneras, que los distintos tipos de contenidos deben trabajarse conjuntamente para que se establezca el mayor número posible de vínculos entre ellos de manera que se favorezca su aprendizaje. Será por lo tanto adecuado que existan materiales específicos para el aprendizaje de contenidos muy concretos pero siempre y cuando el material forme parte de un proyecto global.

Los materiales presentan una serie de contenidos secuenciados y organizados de determinada manera. Esta secuenciación tiene que ser coherente con la de carácter más general establecida en el proyecto curricular del centro. Es también importante poder contar con materiales que ayuden a desarrollar los llamados ejes o temas transversales del currículum. Pero, además, cualquier material puede jugar un rol de modelo, ayudando a crear o a desarrollar determinadas actitudes en el alumnado, y tal como afirman Garreta y Careaga (1987):

> *Los textos escolares, en tanto que instrumentos de transmisión de una cultura, no están exentos de los esquemas discriminantes que han prevalecido hasta el momento y siguen existiendo en nuestra sociedad. Su revisión, por lo tanto, se sitúa en el marco de dotar a las nuevas generaciones de esquemas más respetuosos e igualitarios entre los ciudadanos.*

## Materiales y aprendizaje significativo

Para que el aprendizaje sea lo más significativo posible se requiere que los contenidos tengan sentido y que se cumplan una serie de condiciones desde el punto de vista de la persona que tiene que aprender: que pueda establecer una conexión entre los nuevos contenidos y los aprendizajes previos, que los nuevos contenidos sean adecuados a las capacidades de quien aprende, que éste se implique mentalmente en el proceso de aprendizaje, que se creen conflictos cognitivos, que se dé una predisposición o motivación para aprender, etc. Los materiales curriculares (y de manera muy especial el uso que se haga de ellos) tienen que ser coherentes con dichas condiciones.

El material debería ser un instrumento que facilitara la implicación y la motivación del alumnado. Las actividades propuestas en el material, en su caso, pueden ser de distinto tipo atendiendo a la función que pueden cumplir desde la perspectiva del significado del aprendizaje: actividades de motivación, suscitadoras de conflicto cognitivo, de evaluación inicial, de información, de comprensión, etc.

Por otra parte, para facilitar el significado y la funcionalidad de los aprendizajes, será necesario que los contenidos de los materiales se puedan relacionar con el medio del alumno o alumna.

Desde una perspectiva constructivista, Onrubia (1991) señala algunos aspectos a tener en cuenta en el diseño de procesos educativos escolares:

- Es importante establecer canales fluidos de comunicación en el aula, junto a un clima relacional basado en la aceptación, la seguridad y la confianza mutuas.
- Es interesante buscar situaciones globales en las que se pueda insertar y tome sentido la actividad del alumnado, así como actividades que puedan implicar una motivación intrínseca para éste.
- Es necesario iniciar el proceso de enseñanza-aprendizaje a partir de los conocimientos previos de los alumnos y alumnas.
- Es interesante recurrir a conocimientos previos extraídos de la propia experiencia de los estudiantes.
- La coordinación horizontal y vertical entre los contenidos de las distintas áreas y grados, así como la explicitación de las relaciones que mantienen, juegan un papel decisivo.
- Es necesario combinar una planificación rigurosa con una actuación flexible y diversa.

El material, además, proporciona determinados modelos, lo cual debería cuidarse de manera especial.

## Materiales y atención a la diversidad

La búsqueda de un aprendizaje con el máximo sentido posible implica intentar adaptar la enseñanza a los aprendizajes previos, a las capacidades, a los intereses y a las expectativas de cada alumno y alumna en concreto. Es decir, implica una cierta personalización y una atención individual. Se trata de optar por una enseñanza *adaptativa*, basada en el ajuste de los métodos de enseñanza a las características del alumnado.

Entre los elementos a tener en cuenta para esta enseñanza adaptativa, se sitúan los estilos de aprendizaje de cada estudiante, los cuales influyen de manera muy importante en cómo este alumno o alumna percibe e integra los nuevos aprendizajes.

Los materiales curriculares deberían permitir una utilización en esta línea. Los materiales semejantes a los libros de texto tradicionales no lo facilitan. Para posibilitar una mejor atención a la diversidad del alumnado, los materiales tienen que ser lo más diversificados posible, ofreciendo cuantas más posibilidades de uso en función de las necesidades de cada situación y momento. Aunque también es cierto que una diversidad de materiales puede favorecer la atención a la diversidad del alumnado, esta posibilidad resulta costosa para las editoriales por lo que, tal como han apuntado algunos autores (Fernández, 1989, por ejemplo), es más factible demandar materiales con diversas posibilidades de uso.

Hay que insistir, de todos modos, en que la adecuación de los materiales a planteamientos de atención a la diversidad del alumnado no depende sólo ni fundamentalmente de cómo se hayan diseñado los materiales sino, sobre todo, de su uso.

## Materiales y evaluación

Si los materiales curriculares, y específicamente el libro de texto, acostumbran a convertirse en muchos casos en un gran condicionante del tipo de enseñanza y de aprendizaje, la evaluación del alumnado se convierte prácticamente siempre en el condicionante clave: el alumnado estudia para aprobar, según los resultados de las pruebas de evaluación se crean unas u otras expectativas, etc.

Un replanteamiento de las cuestiones evaluativas en el sentido de introducir el concepto de evaluación como medio de ayudar a cada alumno y alumna a aprender mejor según sus posibilidades, resaltando la importancia de las evaluaciones iniciales; incidiendo en la evaluación formativa; ampliando el concepto de evaluación sumativa; relacionando el proceso evaluativo de recogida de datos, de análisis y de toma de decisiones con los mecanismos de regulación y de autorregulación de los procesos de enseñanza y de aprendizaje, etc., tiene también relación con los materiales curriculares.

Una nueva visión de lo que debe ser la evaluación comporta, por ejemplo, hacer un uso de los materiales en el cual éstos no se conviertan en la única referencia de lo que «entrará» en la evaluación. Desde el punto de vista del diseño didáctico de los materiales comporta que éstos se planteen proporcionar diversas propuestas de evaluación (inicial, formativa, sumativa), según distintas posibilidades de profundización, etc.

## Características que deberían tener los materiales curriculares

La consideración de las variables anteriores (flexibilidad del currículum, formación integral de la persona, aprendizaje significativo, atención a la diversidad y evaluación) proporciona pistas sobre aspectos a considerar en el momento de juzgar la adecuación de un material. También pueden servir de orientación las características que deberían reunir los materiales curriculares para distintos autores y autoras que se han manifestado al respecto. Se trata de criterios generales (en algunos casos más que en otros) que pueden servir de referencia cuando uno se plantea analizar la calidad y la adecuación de un determinado material, aunque cada autor incide en aspectos distintos, sin que se den coincidencias excesivas. Cada autor o autora se acerca a los materiales desde su propia perspectiva, aunque en conjunto definen una serie de características que pueden servir de orientación para elaborar respuestas ante la pregunta que titula el presente capítulo.

En el caso específico de los libros de texto, Canals i Roig (1992) apuntan que los materiales deberían cumplir las siguientes funciones básicas: ofrecer una programación coherente y sistemática que asegure la continuidad entre grados y ciclos; presentar una programación curricular en cuanto al ciclo; remitir al uso de otras fuentes informativas; presentar niveles diversos de dificultad para adecuarse a las diferencias individuales del alumnado; establecer relaciones con los esquemas de conocimiento del estudiante; promover el desarrollo de las capacidades expresivas y comunicativas. Para atender a estas funciones, los libros de texto deberían cumplir las siguientes características:

- Rigor y actualización en la información.
- Secuencia didáctica y lógica en la presentación de los contenidos y en el uso del lenguaje.
- Máxima adecuación a las características del alumnado y a su vocabulario.
- Buen tratamiento de los valores de una sociedad democrática.
- Planteamiento de actividades que abran nuevos campos de conocimiento y de práctica en el alumnado.
- Presentación de los temas que despierte el interés.
- Ilustración cuidada al servicio de los contenidos.
- Cuidado del diseño, tipología y presentación en general.
- Ofrecimiento de la posibilidad de modificar, escoger y readaptar los materiales.

Fernández (1989) señala que en los libros de texto se tendrían que contemplar los siguientes aspectos:

- Dar énfasis a los contenidos procedimentales y actitudinales, incluyendo aspectos no relacionados tradicionalmente con las áreas académicas.
- Existencia de una jerarquía en la presentación de los textos y de las actividades para que el alumnado pueda trabajar sobre diferentes niveles de concreción y complejidad en una perspectiva de atención a la diversidad.

- El aprendizaje de conceptos «debe fundamentarse en la identificación de los atributos críticos y no críticos del concepto, en la ejemplificación e identificación de ejemplos y en la comparación o relación con otros conceptos».
- Recursos gráficos al servicio de la comprensión del texto y de las actividades.
- Categorización de las actividades en función del tipo de operación que demandan al estudiante. Tienen que ser comprensibles, variadas, viables y significativas.
- Propuesta alta de actividades respecto al texto ya que una oferta amplia permite adaptaciones según las particularidades del alumnado; equilibrio entre actividades de respuesta individual y de respuesta colectiva y entre actividades de respuesta gráfica y de respuesta verbal.

Del Carmen y Zabala (1990) inciden en la importancia de que los materiales curriculares formen parte de un proyecto global, lo que no debe excluir que existan otro tipo de materiales complementarios, como diccionarios, atlas, biblioteca de aula, etc. Teniendo en cuenta que cualquier material curricular representa una cierta manera de entender los diferentes aspectos del currículum, es necesario que en el proyecto global se explicite la filosofía del proyecto; su ámbito de aplicación (etapas y áreas); los objetivos generales que lo orientan; el enfoque general de cada área y el modo en que se organizan (disciplinar, interdisciplinar o globalmente); y los tipos de materiales que forman el proyecto, especificando sus destinatarios y su función. Un proyecto global completo debería contemplar para cada área o etapa:

- Guías didácticas.
- Materiales para la búsqueda de información.
- Propuestas de actividades secuenciadas y progresivas, para el tratamiento de determinados contenidos.
- Propuestas y/o ejemplificaciones de unidades didácticas.

En la misma línea de la necesitad de explicitación de la filosofía y de la justificación de las opciones tomadas en el material se manifiesta Atienza (1994) para quien, como mínimo, deberían constar los siguientes tipos de explicaciones:

- Justificación teórica, rigurosa y argumentativa, de las opciones prácticas (justificación de los objetivos, contenidos, materiales, actividades, etc.).
- Relaciones entre aspectos teóricos y aspectos prácticos.
- Relación o articulación entre actividades, contenidos y objetivos.
- Indicación de la manera de actuar y de sus razones, cuando no sean obvias.
- Inclusión de datos para la observación y la reflexión sobre la acción.

Los materiales de lectura constituyen un tipo específico de material que en la actualidad ha adquirido un lugar importante en los procesos de enseñanza-aprendizaje que se desarrollan en los centros escolares. Bertocchi (1994), entre otras, señala las siguientes características para este tipo de material:

- Debe estar estructurado a partir de las vías cognitivas que un lector competente utiliza autónomamente cuando se acerca a un texto. Pero el lector no realiza automáticamente algunas operaciones, por lo que los recursos didácticos tienen que ayudarle, con información o instrucciones explícitas para la lectura.

- El instrumento didáctico tiene que atraer la atención sobre los elementos que ayuden a la comprensión, no sobre elementos marginales.
- Las propuestas tienen que ser abiertas, ayudando a desarrollar las diferentes posibilidades de interpretación del texto.
- El material no tiene que ser «infantilón» ya que aunque el alumnado pueda no ser, técnicamente, buen lector, eso no significa que sea tonto o insensible.

En el cuadro 3 se han sintetizado las características que los autores y autoras anteriores consideran que deben tener los materiales curriculares (en concreto aquellos que utilizan el papel como soporte).

Cuadro 3

| CARACTERÍSTICAS DE LOS MATERIALES EN SOPORTE PAPEL | | | | |
|---|---|---|---|---|
| Canals y Roig | Fernández | Del Carmen y Zabala | Atienza | Bertocchi |
| . Programación de ciclo. Continuidad<br>. Diversidad (niveles de dificultad)<br>. Relación esquemas previos alumnado<br>. Capacidades expresivas y comunicativas<br>. Remitir a otras fuentes | . Énfasis proced., actitudes y transv.<br>. Diversidad: textos<br>. Aprendizaje significativo (conceptos)<br>. Actividades categorizadas, significativas y diversas<br>. Recursos gráficos al servicio de contenidos y actividades | . Filosofía, ámbito<br>. Objetivos generales<br>. Enfoque de cada área<br>. Tipo de materiales, destinatarios y función | . Justificación opciones. Relaciones teoría/práctica<br>. Relac. activid./contenidos<br>. Pautas de actuación<br>. Datos para observación y reflexión sobre la acción | . Propuestas abiertas (lectura)<br>. Partir de vías cognitivas que se usan autónomamente<br>. Atención sobre aspectos centrales<br>. No «infantilón» |

# 4

# Elaborar los propios materiales a utilizar

## Materiales curriculares, enseñanza y profesionalidad

En una perspectiva que tome en consideración la atención a la diversidad del alumnado y que se plantee como prioridad desarrollar estrategias adecuadas para atender a esa diversidad, se hace necesario que sea el propio profesorado quién tome las decisiones respecto al currículum (objetivos, contenidos, metodología, evaluación) que mejor favorecerá el aprendizaje de cada uno de los alumnos y alumnas. Que el profesorado sea quien tome las decisiones curriculares (o una parte relevante de las mismas) se justifica también desde una perspectiva democrática y participativa, así como desde planteamientos de adecuación de la acción educativa a los contextos sociales y culturales específicos y desde una concepción de los profesionales de la enseñanza como tales profesionales, lo que comporta que puedan ejercer su responsabilidad y tengan la oportunidad de tomar decisiones que competen precisamente a su tarea profesional.

Los conocimientos que tenemos actualmente sobre la enseñanza, y la necesidad de adecuarla a la diversidad del alumnado, plantean la exigencia de que la actuación docente no consistía en una simple aplicación generalizada de conocimientos estereotipados. Los múltiples, constantes y acelerados cambios que tienen lugar en la sociedad (cambios políticos, económicos, tecnológicos, de valores...) obligan a que la actuación docente se deba desarrollar en unos parámetros con múltiples variables. Esta situación comporta un replanteamiento de ciertos esquemas mentales de una parte del profesorado en el sentido de considerar las tareas de diagnosis, de planificación y de evaluación tan importantes como las tareas de transmisión y ejecución.

El proceso de enseñanza-aprendizaje es un proceso complejo en el que intervienen muchas variables que interactúan entre si, por lo que la reflexión (individual y colectiva) sobre la práctica docente se convierte en el mecanismo más potente para mejorar la calidad de la acción educativa. A partir del análisis y de la reflexión sobre la práctica se pueden plantear alternativas tendentes a mejorarla, las cuáles una vez aplicadas deberán ser, a su vez, analizadas para ver si se pueden mejorar. Se trata de un proceso continuo de análisis-acción que permite ir introduciendo pequeños cambios en los procesos de enseñanza en una línea de adecuación el contexto y al alumnado específicos que ayude a mejorar la calidad del aprendizaje.

La importancia en el proceso educativo escolar de los materiales curriculares es muy alta ya que, tal como se ha dicho en capítulos anteriores, constituyen un componente de mucha influencia en su desarrollo. Aunque nos quedemos con una concepción de material curricular limitada a aquellos materiales que sirven para planificar, desarrollar y/o evaluar el currículum, la influencia e incidencia de los materiales sigue siendo muy alta. Incluso en el caso de que, como en el presente libro, nos limitemos a considerar como materiales aquellos que están pensados para ser utilizados por el alumnado y aquellos dirigidos al profesorado pero que se relacionan directamente con los anteriores, los materiales así considerados siguen constituyendo un elemento de notable incidencia en el desarrollo de los procesos de enseñanza y aprendizaje.

Como mediadores en este proceso, los materiales curriculares pueden cumplir diversas funciones, simultaneando más de una: comunicativa, de control ideológico, de producto de consumo, etc. El que cumplan unas u otras estará en función del propio material (concepción, realización, vías y sistemas de comercialización, etc.) pero también del uso que de él haga el profesorado y del uso que dicho profesorado facilite que haga el alumnado e, incluso, su familia. El tipo de incidencia de los materiales dependerá, en gran parte, del grado en que el material esté al servicio del proyecto docente del profesorado que lo utiliza y del grado en que este proyecto docente se encuentre condicionado por el material. Si tradicionalmente la incidencia de ciertos materiales (especialmente de los llamados libros de texto) ha sido tan importante, se ha debido a que esos materiales se han convertido en la guía básica para el profesorado, se han convertido en *el* proyecto docente.

Pero con una concepción de la enseñanza escolar y especialmente con una concepción del papel del profesorado como la que se ha apuntado (donde la diagnosis, la planificación y la evaluación en relación a cada contexto y al alumnado específico son tareas muy relevantes), los libros de texto tradicionales no son coherentes. El cambio de mentalidad que progresivamente (aunque lentamente) se va produciendo y el avance de las ciencias de la educación ha comportado que, en los últimos años y con anterioridad a la puesta en marcha de la actual reforma del sistema educativo, aparecieran en el mercado editorial algunos materiales que, aunque minoritarios en su conjunto, rompían parcialmente con la concepción tradicional del libro de texto: cuadernos de ejercitación de cálculo o de ortografía pero también de ciencias sociales o naturales; libros de lectura relacionados temáticamente con las unidades didácticas del libro de texto; materiales únicamente expositivos, sin propuestas de actividades; etc.

De todas maneras, lo cierto es que aún nos encontramos en una situación socioeducativa en la cual los libros de texto contribuyen a crear unas determinadas actitudes en el profesorado, en el alumnado y en las familias de éste, de potenciación del propio libro, de que lo verdaderamente importante es lo que dice el libro y cómo. A la adquisición de esa concepción contribuye de manera determinante el hecho de que el alumnado sea evaluado *sobre lo que dice el libro*.

Una concepción como la citada de los libros de texto tiene, además, la consecuencia que una parte importante del alumnado aprende menos de lo que podría aprender, ya que el carácter uniformador y homogeneizador de los materiales impide que cada alumno y alumna pueda progresar atendiendo a sus posibilidades y situaciones personales.

De todo lo dicho se deriva la necesidad de que el profesorado utilice los materiales como un medio o instrumento que, en interacción con otras variables, ayude a llevar adelante el proyecto docente de un equipo de profesionales en un contexto determinado. Tanto si se opta por trabajar con material editado como si el profesorado elabora su propio material, se deben tener presentes las siguientes consideraciones:

- El material curricular no es únicamente un medio de información sino también una forma de estructurar y organizar la realidad que tiene influencia en el concepto que el alumnado que lo utiliza se va forjando de esa realidad y de la manera de acceder a ella.
- El estudiante es un procesador activo de información. Cada uno interactúa con el material de una forma específica, diferente de las formas de interacción de sus compañeros y compañeras.
- Los distintos tipos de materiales demandan al alumnado destinatario operaciones mentales distintas, ya que también es diferente el nivel de simbolización de los mensajes. El grado de proximidad entre el estudiante y la realidad no es el mismo en los diferentes tipos de materiales. Según el tipo de material y según su planteamiento didáctico, el alumnado tendrá que realizar una actividad mental más o menos activa. Tisher (1972) distingue entre tres tipos de aprendizaje: el directo por medio de experiencias prácticas y reales, el de nivel audiovisual, y el aprendizaje vicario por medio de palabras y de símbolos.
- Los materiales contienen componentes ideológicos (en la mayoría de las ocasiones, implícitos). En este sentido, es preferible que las descripciones y la utilización de códigos diversos tengan un papel más importante que no las opiniones y los juicios de valor.
- Las ilustraciones o el lenguaje icónico también transmiten contenidos.

## Elaborar los propios materiales: pros y contras

Ben-Peretz (1988) apunta tres tareas a realizar por el profesorado: seleccionar actividades de enseñanza de entre las propuestas en los materiales curriculares y secuenciarlas; modificar esas actividades para adaptarlas a la situación contextual específica; crear actividades de enseñanza variadas aparte de aquellas que vienen especificadas en una serie de materiales curriculares. En esta relación de tareas parece que se dé por supuesto que el profesorado utiliza materiales confeccionados por otros, aunque una de las posibilidades es que el propio profesorado elabore una parte o la totalidad de los materiales curriculares que utilizará su alumnado.

Lo cierto es que, en muchas ocasiones, cuando el profesorado elabora sus propios materiales lo hace a partir de materiales previamente publicados de tal manera que mediante esa elaboración está realizando la segunda tarea apuntada por Ben-Peretz (modificar las actividades para adaptarlas) y, en algunos casos, la tercera (crear nuevas actividades). Aunque en ocasiones la tarea del profesor o la profesora que crea sus propios materiales es más de recopilación que de creación en sentido estricto, también es cierto que algunas de las alternativas más interesantes a los libros de texto han nacido en las aulas (los materiales de la Escuela Moderna creada por Freinet son uno de los mejores ejemplos en este sentido).

Plantearse elaborar los propios materiales tiene pros y contras. Aunque se puede pensar que es una manera de evitar caer en las críticas negativas a los materiales curriculares (y específicamente al libro de texto) que se han ido recogiendo en las páginas anteriores, lo cierto es que el hecho de elaborar los propios materiales no evita, por sí mismo, el caer en los mismos planteamientos que caracterizan a los materiales editados.

De entrada, un profesorado que elabora materiales para el alumnado hace pensar en personas inquietas y preocupadas por la calidad de la enseñanza, en la cual juegan un papel destacado los recursos en general, y los materiales curriculares específicamente. La OCDE (1991) define las siguientes áreas clave en la búsqueda de la calidad de las escuelas y de los sistemas: el currículum; la medida de resultados, la evaluación y la supervisión; el papel del profesorado; la organización de la escuela; la dimensión de los recursos. Si aceptamos una definición de calidad de la enseñanza (Wilson, 1992) como «planificar, proporcionar y evaluar el currículum óptimo para cada alumno, en el contexto de una diversidad de individuos que aprenden», elaborar los propios materiales puede ser una alternativa adecuada porque permite mejorar la atención a esa diversidad de individuos.

La mejora en la calidad de la enseñanza requiere de innovaciones tendentes a dicha mejora. Para Fullan (1982, 1983, 1986, 1991), existen tres cambios nucleares, especialmente en lo que se refiere al profesorado contemplado individualmente: nuevas prácticas o conductas, nuevas creencias y concepciones, y el aprendizaje de nuevos recursos o materiales. Este último cambio interesa aquí especialmente: la implicación de un profesor o de una profesora en un cambio curricular supone, inevitablemente, un compromiso con la utilización de nuevos materiales que, de alguna manera, ayuda a modificar su práctica y a alterar su filosofía.

Este compromiso del profesorado con nuevos materiales, consiste en ocasiones en la elaboración de ellos, ante las dificultades para encontrar materiales editados que se adecúen suficientemente a proyectos de innovación que se ponen en marcha en un centro determinado. La elaboración de los propios materiales puede tener diversos aspectos positivos pero probablemente el más importante es que, si se hace correctamente, puede ser realmente viable que los materiales constituyan un recurso al servicio de un proyecto docente específico, y no al revés.

De todas maneras, es cierto que dicha elaboración tiene también algunas dificultades. Probablemente las dos más importantes sean la dificultad de competir con los recursos técnicos con que cuentan las casas editoras (páginas a todo color, por ejemplo) y la gran inversión de tiempo personal que supone. Cada profesor y profesora y cada equipo educativo, en el momento de plantearse la posibilidad de elaborar materiales, deberá sopesar los pros y los contras de su decisión. En este sentido, una buena alternativa puede ser la de elaborar una parte de los materiales como complemento más específico a los materiales editados.

## Elementos a tener en cuenta en la elaboración de los propios materiales

Si se decide elaborar materiales propios, para que realmente sean adecuados y no se limiten a ser un puzzle (en ocasiones con poco sentido) a partir de fragmentos de materiales editados, será importante considerar una serie de cuestiones. En todo caso, el modelo de análisis de materiales curriculares que se propone en capítulos posteriores es útil, con pocas adaptaciones, para el análisis de los materiales elaborados por el propio profesorado. Siendo eso así, aquí sólo se hace referencia a algunos elementos de especial relevancia a tener en cuenta.

### Coherencia con el proyecto curricular del centro

En el proyecto curricular se recogen los acuerdos del conjunto del profesorado de un centro referidos al currículum a desarrollar en el propio centro. En un marco de cierta apertura y flexibilidad, las decisiones colectivas que concretan el currículum específico del centro tienen mucha trascendencia. Si en el proyecto curricular se establecen los criterios didácticos generales, dicho proyecto tiene que ser un referente para las decisiones que conciernen a los materiales curriculares. Esta referencia tiene una doble dimensión:

- Los materiales tienen que ser coherentes con los criterios sobre qué, cuándo y cómo enseñar y evaluar recogidos en el proyecto curricular; los materiales tienen que estar al servicio de este proyecto; tienen que constituir un medio adecuado para llevarlo a término.
- En el proyecto curricular se deberían recoger acuerdos sobre criterios para la selección, elaboración y uso de materiales curriculares, ya que esos criterios constituyen un parte de las decisiones sobre cómo enseñar. Consecuentemente, en el momento de plantearse elaborar materiales se deberán tomar los citados criterios como referente.

Es decir, los materiales curriculares tienen que ser coherentes con el proyecto curricular del centro en conjunto, y con cada uno de sus criterios, y entre éstos, de manera muy especial, con los que se refieren a la propia selección, elaboración y uso de los materiales.

Si el centro no dispone de un proyecto curricular suficientemente completo o su elaboración no ha sido todo lo rigurosa y/o con sentido práctico que debería, este déficit debe considerarse problemático. En el caso de los materiales curriculares no se podrá pretender un análisis completo de ellos (sí de algunos aspectos, evidentemente) y, por lo tanto, faltarán referentes en los que apoyarse para elaborar los materiales con uno u otro enfoque. Si faltan dichos acuerdos, falta una pieza clave del entramado educativo del centro y esta pieza hay que construirla: la casa se tiene que empezar por la base.

Elaborar los propios materiales puede facilitar una mejor adecuación de los recursos a un proyecto concreto pero, para que eso sea así, es necesario haber definido este proyecto colectivo.

### Diversidad de los materiales

Para que puedan facilitar la atención a la diversidad del alumnado es necesario contar con materiales diversos y, a la vez, diversificables, de manera que permitan distintas opciones de uso. Esta necesidad aparece también si se tiene en cuenta que, en una perspectiva de formación integral, hay que contar con recursos para la enseñanza de diferentes tipos de contenidos (conceptos, habilidades, estrategias, actitudes, etc.); el material debe facilitar la enseñanza de unos contenidos específicos pero, a su vez, sin una desvinculación entre los distintos tipos que dificulte el aprendizaje.

Cuando se opta por elaborar materiales desde el propio profesorado, se está rompiendo con algunos esquemas muy enraizados en parte de este mismo profesorado, ya que se está pasando de una concepción tradicional del libro de texto como manual único y autosuficiente a una concepción de *conjunto de materiales*, cada uno de ellos diseñado para unos objetivos específicos.

### Coherencia con las intenciones educativas y con las bases psicopedagógicas. Adecuación al contexto

Las decisiones sobre cómo enseñar (y las decisiones referidas a los materiales forman parte de aquéllas) se deben justificar en función de su adecuación a los objetivos perseguidos y en función de su coherencia con los elementos facilitadores de un aprendizaje lo más significativo y funcional posible.

La elaboración de los materiales se justifica, en parte, por las posibilidades que ofrece de diseñarlos de manera tal que se adecúen en alto grado a los objetivos concretos de aprendizaje. Por otra parte, en su elaboración es también factible tener en cuenta su coherencia con los elementos que ayudan al aprendizaje aunque, en este sentido, el análisis deberá hacerse internamente del propio material pero, a la vez, del conjunto de la secuencia didáctica en la cual se sitúa el material. Éste puede cumplir una función específica dentro de la secuencia (motivar, informar, evaluar, etc.) y, por lo tanto, su adecuación dependerá del conjunto de la secuencia. Precisamente, situar los materiales en una fase de ésta de manera que la inclusión del material sea coherente y que también lo sea la secuencia didáctica en su conjunto, se ve muy facilitado cuando es el propio profesorado quien elabora los materiales.

Evidentemente, adecuar los materiales significa tener en cuenta las características del alumnado que los utilizará y su relación con el medio de este alumnado. Elaborar los propios materiales facilita tener en cuenta esos requisitos.

### Rigor científico

Uno de los peligros de elaborar los propios materiales (especialmente si esta elaboración comporta la redacción del texto) es caer en inexactitudes científicas (que, por otra parte, también existen en los libros de texto). En ocasiones, los materiales elaborados por el propio profesorado incluyen errores conceptuales, que pueden ser debidos principalmente a dos causas:

- Errores en fechas, nombres... debidos a falta de información o a transcripciones equivocadas.
- Errores por un intento de simplificación excesiva con el propósito de que el alumnado lo entienda mejor, con lo cual se deforma la realidad.

## Visión general del conjunto de materiales

El material o los materiales elaborados por el profesorado para que sean utilizados por sus alumnos y alumnas se deben ubicar en una visión de conjunto de los materiales y recursos en general que se utilizarán. El sentido de un material puede estar en el conjunto de una secuencia didáctica específica pero también en el de recursos didácticos que se usan o se preven usar. En esta visión de conjunto se debería priorizar la perspectiva de ciclo, entendiendo que éste es un eje vertebrador de la programación, la intervención y la evaluación educativas.

## Reflexión sobre los valores que se reflejan en el material

En los últimos años han aparecido diversos trabajos que han puesto de manifiesto la existencia de discriminaciones y de prejuicios en los libros de texto, desde los de Alberdi (1985), Garreta y Careaga (1987) y Michel (1987) hasta trabajos más recientes como el de Emakunde, Instituto Vasco de la Mujer (1993), el del Instituto de la Mujer del Ministerio de Cultura (1993) y el de García, Troiano y Zaldívar (1993) sobre la discriminación del sexo femenino; el de Calvo (1989) sobre la discriminación racial; o el de Argibay y otros (1991) sobre la atención a las capas sociales más desfavorecidas en los materiales. Estos estudios ponen en evidencia la necesidad de evaluar los libros también desde la perspectiva de los valores y las actitudes que se manifiestan en ellos.

Cuando el profesorado aborda la elaboración de materiales propios (a partir de la recopilación y/o de la creación) debe estar muy alerta a los valores y actitudes que se reflejarán en ellos, ya que los materiales pueden jugar un papel de modelo propiciatorio de aprendizajes vicarios para el alumnado. En este sentido, el profesorado debería estar especialmente atento a que en el material no se produjeran discriminaciones de determinados colectivos sociales ya sea por el papel que se les atribuye o desempeñan en el texto o en las ilustraciones, o por la ausencia o presencia muy inferior de estos colectivos respecto a otros (de mujeres respecto a hombres, por ejemplo).

La importancia de los aprendizajes vicarios (imitación de modelos) es puesta de manifiesto por Bandura (1987) para quien la persona tiene cinco grandes capacidades que influyen en su aprendizaje: simbolizadora, de previsión, vicaria, de autorregulación y de autorreflexión. Es especialmente sugerente el tratamiento que hace sobre el aprendizaje vicario, el cual se realiza a partir de la observación de modelos: para Bandura «los humanos aprenden la mayor parte de su conducta a través de la observación, por medio del modelado». Este proceso de aprendizaje tiene tres fases: atención (observación del modelo), retención (simbolización en la memoria de las pautas de respuesta), reproducción motora (conversión de las representaciones simbólicas en acciones, mediante las cuales se imita el modelo, efectuando sucesivos ajustes ante las discrepancias entre la representación simbólica y la ejecución de la conducta).

## Aspectos formales

Una de las dificultades relevantes que se plantean cuando se opta por elaborar materiales en el propio centro es de carácter técnico o formal. En este ámbito suele ser difícil competir con la calidad formal de la mayoría de materiales editados. Ante esta situación es importante que la opción de elaborar los propios materiales se justifique de tal manera que compense su desventaja en la vertiente formal. En todo caso, se debería tener en cuenta dos aspectos:

- Dentro de las posibilidades con que se cuenten, hay que intentar dotar a los materiales del máximo de calidad formal: maquetación no caótica de la página (cuidar la distribución del texto, de las ilustraciones, de los espacios en blanco dentro de la página), calidad de las ilustraciones (aunque sean en blanco y negro), paginación clara (a ser posible, en el margen superior derecho), impresión o fotocopias de calidad, etc.
- El material se debe justificar en función de su alto grado de adecuación a algún o algunos aspectos específicos para los cuales no existan alternativas adecuadas entre el material editado: adecuación a un contexto geográfico muy concreto, textos elaborados por el propio alumnado, datos de ejemplificación o para trabajar con ellos obtenidos del propio grupo-clase o del centro escolar, etc.

## Evaluación del uso del material

El uso que realmente realice el alumnado del material será el que concretará sus posibilidades educativas. Aunque siempre es importante analizar este uso, en el caso de los materiales elaborados por el propio profesorado el análisis podrá permitir evaluar los aspectos positivos del material y orientar sobre cómo plantear o enfocar su utilización, pero también permitirá detectar aspectos a mejorar que probablemente se podrán incluir en un futuro, ya que es más fácil rehacer este tipo de materiales que los editados.

Como toda evaluación, la de los materiales requiere de criterios y/o de pautas que orienten la tarea de recogida de datos, de análisis y la toma de decisiones posteriores. En lo que se refiere al uso de los materiales por parte del alumnado (para la evaluación de otros aspectos se puede recurrir al modelo propuesto en los capítulos posteriores) se debería recoger información sobre si el uso del material ayuda realmente a la adquisición de los contenidos y objetivos que se perseguían y sobre si el proceso de aprendizaje que realiza el alumnado es coherente con los requisitos para que ese aprendizaje sea lo más significativo y funcional posible.

Estas dos cuestiones que deben considerarse básicas, se pueden completar con el análisis de aspectos concretos relacionados con el uso del material por parte del alumnado. Como guía orientativa de estos aspectos se puede tomar la que propone Santos (1991) que, a su vez, se basa en los principios que propone Raths (1971) para valorar las actividades en el desarrollo curricular. Para Santos, la *potencialidad didáctica* de los materiales dependerá de las características siguientes:

*- Que permitan al alumno tomar decisiones razonables respecto a cómo utilizarlos y ver las consecuencias de su elección.*

*- Que permitan desempeñar un papel activo al alumno (...).*

*- Que permitan al alumno o le estimulen a comprometerse en la investigación de las ideas, en las aplicaciones de procesos intelectuales o en problemas personales.*
*- Que exijan que los estudiantes examinen temas o aspectos en los que normalmente no se detiene un ciudadano y que son ignorados por los medios de comunicación: sexo, religión, guerra, paz, etc.*
*- Que obliguen a aceptar cierto riesgo, fracaso y crítica, que pueda suponer salirse de caminos trillados y aprobados socialmente.*
*- Que exija que los estudiantes escriban de nuevo, revisen y perfeccionen sus esfuerzos iniciales.*
*- Que comprometan a los estudiantes en la aplicación y dominio de reglas significativas, normas o disciplinas, controlando lo hecho y sometiéndolo a análisis de estilo y sintaxis.*
*- Que den la oportunidad a los estudiantes de planificar con otros y participar en su desarrollo y resultados.*
*- Que permitan la acogida de los intereses de los alumnos para que se comprometan de forma personal.*

En todo caso, las decisiones referidas a los materiales forman parte de las decisiones sobre cómo enseñar y, por lo tanto, deben ser coherentes con las intenciones educativas y con los requisitos favorecedores del aprendizaje. Por lo tanto, la evaluación de los materiales tiene que realizarse en función de su adecuación a estos dos referentes. En el capítulo 9 se trata con más detalle la evaluación del uso efectivo de los materiales.

# 5

# ¿Cómo utilizar adecuadamente los libros de texto y otros materiales?

Los materiales curriculares, ya sean editados o elaborados por el propio profesorado que los utilizará, constituyen un recurso que coadyuva al desarrollo del proceso de enseñanza-aprendizaje. Entre estos materiales, los llamados libros de texto pueden ser también útiles y adecuados, siempre y cuando se utilicen correctamente. Esta utilización dependerá de dos factores: de las características que tenga el material y del propio uso (cuándo se utiliza, para qué, de qué manera).

Para que el uso de los materiales pueda ser adecuado es un requisito imprescindible que el profesorado los analice y evalúe para seleccionar y/o elaborar los más adecuados y para establecer criterios que le orienten en su uso. Tanto una vertiente como la otra se insertan en una perspectiva de uso reflexivo de los materiales por parte del profesorado. Éste tiene que analizar y evaluar los materiales curriculares para poder seleccionar y/o elaborar los más coherentes con su modelo didáctico y con su planteamiento docente o, más exactamente, con el modelo y proyecto del equipo docente de su centro escolar. Pero, tal como se ha dicho, el análisis y la evaluación también tiene que servir para ayudar a un uso más coherente de los materiales al servicio del modelo y del proyecto.

En esta perspectiva, el profesorado tiene que poder contar con modelos de análisis que le puedan resultar útiles. Aunque estos modelos no tendrían que ser excesivamente complejos, también es cierto que no se puede pretender una simplificación excesiva, ya que la educación es un hecho complejo por sí mismo en el cual hay que atender a una gran diversidad de variables. Una de las dificultades con la que se puede encontrar el profesor o la profesora al utilizar modelos de análisis de materiales es su falta de formación en esta tarea. Analizar materiales, como cualquier otra tarea del docente, demanda una concienciación sobre su importancia y un aprendizaje de cómo hacerlo.

Analizar materiales es, en definitiva, un procedimiento y, como tal, requiere para su aprendizaje realizarlo diversas veces hasta que se acabe dominando. Tal como dice Martínez (1992): «Seleccionar, adaptar o crear materiales, y evaluarlos, es una actividad profesional que requiere preparación específica, lo cual debería contemplarse en los currícula de formación de profesores».

## Analizar y evaluar los materiales

El análisis y la evaluación de materiales curriculares ya tiene una cierta historia, aunque los motivos para realizar esta tarea han sido diversos y las perspectivas de análisis distintas. Uno de los cambios más sustanciales en el enfoque ha sido el paso de los análisis de tipo comparativo entre distintos materiales o medios, basados en una perspectiva conductista, a los análisis realizados a partir del marco conceptual de los modelos, en los cuales ha tenido un papel destacado la perspectiva cognitiva.

Los motivos que llevan a la preocupación por el análisis y la evaluación de materiales curriculares no han sido siempre los mismos. Escudero (1983) señala que el interés por el análisis empírico de los medios de enseñanza se manifiesta por primera vez hacia 1920 con los trabajos de Thorndike y Gates consistentes en contar las palabras de los libros de texto. Salomon y Clark (1977) describen tres tipos de objetivos en las investigaciones sobre medios: conocer la eficacia instructiva de un medio determinado; analizar los efectos psicológicos de los medios (se trata de estudios de tipo experimental realizados en contextos distintos a los de los centros escolares); estudiar programas instructivos articulados alrededor de unos determinados medios que se van mejorando a partir de sucesivas evaluaciones.

Actualmente, en el análisis de medios didácticos, se reflejan preocupaciones o intereses nuevos. Tal como señala Martínez (1992), hasta hace pocos años la preocupación por el material era de carácter técnico (diseño, facilidad para la comprensión lectora, elementos de motivación) pero hoy día se ha ampliado el campo de análisis «desde las cuestiones técnicas a otro tipo de preocupaciones más globalizadoras relacionadas con el modo en que un material curricular está determinando, de un modo explícito o implícito, gran parte de la actividad de la escolarización».

### De los estudios comparativos de medios a los modelos de análisis

Una parte muy importante de los estudios sobre materiales o medios realizados en la década de los 70 (un período de especial preocupación por estos análisis) tenían como finalidad la comparación de medios desde la perspectiva instruccional. Se trataba de estudios que a menudo se apoyaban en la psicología comportamental, por lo cual los medios se consideraban simples estímulos provocadores o reforzadores de respuestas, obviando su papel de mediación entre la realidad externa y el alumnado. Dichos estudios comparaban una serie de medios según sus posibilidades para conseguir determinados objetivos de aprendizaje (Allen, 1967); la relación de una serie de medios de instrucción con una serie de funciones didácticas (Gagné, 1970); una serie de funciones de enseñanza que realiza el profesorado con una serie de recursos (Decaigny, 1973); una serie de materiales en relación al método de enseñanza con que se asociaban (Colom, Sureda, Salinas, 1988); etc.

Tal como apunta Cabero (1990), en un interesante trabajo para quien esté interesado en una relación de propuestas de análisis que han ido surgiendo a lo largo del tiempo, la falta de utilidad real para el profesorado del tipo de análisis comparativo llevó al surgimiento del marco conceptual de los modelos, el cual se apoya mayoritariamente en la psicología cognitiva. El concepto de modelo se ha entendido de maneras distintas. Se puede partir de la definición dada por Gimeno (1981), según la cual un modelo es una «representación conceptual, simbólica, y por tanto indirecta, que al ser necesariamente esquemática se convierte en una representación parcial y selectiva de aspectos de esa realidad, focalizando la atención en lo que considera importante y despreciando aquello que no lo es (...) y aquello que no aprecia como pertinente a la realidad que considera».

En su trabajo recopilatorio, Cabero incluye diversos modelos generales de análisis de medios o materiales: el cubo taxonómico de Clark (1975) que propone interaccionar diferentes elementos (conductas de la persona, atributos de los medios, contenidos transmitidos) para explicar los resultados obtenidos; el modelo de Di Vesta (1972) que es uno de los primeros que presenta el contexto social como elemento de gran influencia en las relaciones que el alumno establece con el medio; el modelo tridimensional de Cheek (1977) consistente en un cubo para el análisis con los ejes difuso-concreto, volátil-persistente, concreto-abstracto; el íter taxonómico de Luchi (1983) que distingue entre los atributos de los medios (técnicos, lingüísticos y psicológicos) y los aspectos didácticos (objetivos, contenidos, funciones, contexto); algoritmos de decisiones sobre medios de Romiszowski (1981); etc.

## Análisis y evaluación de materiales editados que utilizan el papel como soporte

En un planteamiento de análisis de materiales didácticos hay que considerar en un lugar prioritario el libro de texto ya que, como dice Cantarero (1993): «... previsiblemente los libros de texto continuarán siendo, durante mucho tiempo, el eje que articula las prácticas de enseñanza-aprendizaje».

La preocupación por el análisis y la evaluación de libros de texto se ha manifestado con especial intensidad en ciertos períodos históricos. En el momento actual, existen indicadores de que, como fruto de la puesta en marcha de un nuevo sistema educativo, se está asistiendo a un cierto repunte en este interés que parecía un poco apagado desde mediados de la década de los 80, momento en el que aparecieron algunas propuestas desde los planteamientos de la tecnología educativa, como los de Rodríguez y otros (1984) que situaban su análisis desde una perspectiva comunicacional, planteándose qué características debería tener el libro para propiciar una comunicación eficaz.

De 1981 es un interesante libro de Richaudeau, encargado por la UNESCO, titulado *Concepción y producción de manuales escolares. Guía práctica*, que incorpora observaciones y sugerencias realizadas por diferentes especialistas en didáctica, en comunicación y por responsables de programas de enseñanza. Este libro afronta el tema del manual escolar (así lo denomina) desde una perspectiva muy completa, incluyendo aspectos referidos a la presentación (aspectos físicos del manual) y a los lenguajes utilizados pero haciendo también referencia a la gestión editorial: relaciones entre autores y editor, opciones técnicas de edición, previsión de costes, etc. En su obra, Richaudeau propone numerosos elementos a tener en consideración para la elaboración (sirven también para el análisis) de manuales escolares. Este análisis, tal como apunta el mismo autor, puede obedecer a objetivos distintos:

- Examinar el material antes de usarlo.
- Escoger un material entre distintas posibilidades.
- Hacer recomendaciones a las autoridades sobre la elección de un material.
- Escribir un libro.
- Formar maestros.

Han sido diversos los autores que se han ocupado de los elementos a tener en cuenta para analizar un material curricular, tanto a nivel general (aunque casi siempre haciendo referencia al libro de texto o, como máximo, a materiales editados en soporte papel en general) como a niveles más específicos (de un área o de un ciclo en concreto, por ejemplo). Entre los primeros Gimeno (1981), Navarro (1985), Zabalza (1989), Heredia (1990), Zabala (1990), Santos (1991), Sarramona y Ucar (1992), Vilarrasa (1992). Entre los segundos, Velasco y Pérez (1977), Rosales (1983 y 1984), Argibay, Celorio y Celorio (1991), Gómez (1993), García, Prieto y Santos (1993), Hernández (1994). Otros autores se han interesado específicamente por el análisis de los componentes gráficos ( Colas, 1983; Roda, 1983; Colas y González, 1993; García, 1993).

A las propuestas anteriores hay que añadir una serie de trabajos más recientes, en su mayor parte reflexiones o propuestas de carácter genérico, que aportan interesantes consideraciones que pueden servir de orientaciones cuando uno se plantea elaborar un modelo de análisis de materiales curriculares.

Del Carmen (1993) propone una serie de pautas para el análisis de una colección completa de materiales curriculares. Para el análisis de una colección de materiales para una etapa establece tres bloques:

- Caracterización general (ámbito de aplicación del proyecto, descripción de los materiales, objetivos generales...).
- Adecuación al currículum prescriptivo ( correspondencia entre los objetivos generales del proyecto y los del currículum prescriptivo; entre unos y otros contenidos...).
- Adecuación a los criterios del equipo de profesorado que ha de utilizar los materiales (adecuación del proyecto al proyecto curricular de centro, acuerdo del equipo docente con los objetivos generales del proyecto y con la orientación en el tratamiento del área o áreas...).

Como complemento del anterior, plantea un análisis de materiales para un ciclo o curso, considerando por un lado la guía didáctica y, por otro lado, el material para el alumnado.

Cantarero (1993) agrupa los criterios de análisis en dos bloques:

- Organización del currículum (grado de especialización: perspectiva globalizadora versus perspectiva disciplinaria tradicional; modelo metodológico: esquema lineal de la pedagogía por objetivos versus modelo procesual...)
- Contenido o selección cultural (cultura de la que proceden los contenidos: cultura dominante y disciplinas académicas versus inclusión de elementos significativos de las culturas no hegemónicas del entorno sociocultural del alumnado; valores, actitudes, normas e ideología que transmiten los materiales: reproductivas versus innovadoras...).

A las dimensiones anteriores, Cantarero añade criterios propios del área o disciplina que trata el material; otros aspectos tales como el modelo de evaluación que preconiza, las finalidades que se declaran y las metas que promueven realmente...; así como las funciones asignadas por el material al profesorado.

Una de las propuestas más operativas (por su detallado desarrollo) para el análisis de materiales curriculares es la de Alvárez, Gayoso y Novoa (1993). Contempla los siguientes apartados: objetivos, contenidos, actividades, evaluación, adaptaciones curriculares, valoración general. En cada uno de ellos se plantean diversas preguntas con una escala de valoración (de 1 a 5) para cada pregunta, correspondiendo las puntuaciones más bajas a la calificación «en absoluto» y las más altas a la calificación «totalmente».

Benavente, Peña y Rogero (1994) proponen un modelo para el análisis de materiales impresos en el ámbito específico de la educación a distancia en el cual presentan un *sistema de indicadores*, considerando que los indicadores «constituyen, en cierto modo, un *sistema*, puesto que están agrupados según el orden lógico en el que deben ser considerados, básicamente, al evaluar un material impreso». Contemplan dos ámbitos de análisis: estructura y currículum. Dentro de cada ámbito se presentan parcelas que, a su vez, contienen distintos factores. Por ejemplo: ámbito estructura, parcela presentación, factor aspectos materiales. Los autores incluyen también un modelo de escala de evaluación.

A las anteriores reflexiones y propuestas se pueden añadir otras (Vallés, 1993; Vega, 1993; Atienza, 1994; Saéz, 1994) que, en conjunto, ponen de manifiesto el resurgimiento de un interés por el análisis y la evaluación de materiales curriculares.

Además, existen propuestas para la evaluación de un determinado ámbito. Así, por ejemplo, la propuesta de un sistema de indicadores del Instituto de la Mujer del MEC (1993) y las pautas de Pardo (1994) para el análisis del sexismo en los manuales escolares, que se estructura en tres bloques: el lenguaje, las imágenes y los contenidos. Monereo y otros (1995) proponen un cuestionario para la evaluación del tratamiento de la diversidad en los textos escolares, de carácter muy cuantitativo. Junto a la propuesta de cuestionario presentan un informe resultado de su aplicación, en el cual concluyen que se da poca atención a la diversidad en los textos escolares y, más concretamente:

- Falta un sistema de evaluación abierta y flexible.
- Se hace escasa incidencia en indicaciones metodológicas variadas.
- Hay una frecuencia baja de otros tipos de estimulación diferente a la visual.
- Existe poca atención al tema de la diversidad entre los contenidos.

## La evaluación de materiales curriculares, un tipo específico de evaluación

La evaluación de materiales curriculares debe considerarse un tipo específico de investigación evaluativa. Las sistematizaciones sobre la actividad evaluativa se inician a finales del siglo XIX. Tal como apunta Mateo (1992) el nacimiento de las actividades evaluativas sistemáticas estaba muy unido al concepto de medida del rendimiento, de tal manera que medida y evaluación eran dos conceptos intercambiables, sin prácticamente ninguna relación con los programas de formación y el desarrollo del currículum. Con Tyler, y su propuesta de organización del currículum alrededor de objetivos, la evaluación se orientó hacia una nueva dinámica en la cual se entendía que tenía que ser un mecanismo que sirviese para provocar una continua mejora del currículum y de sus resultados.

En la década de los 60, con autores como Crombach y Scriven, aparecen nuevas propuestas: evaluación durante el proceso de enseñanza-aprendizaje, evaluación de las características estructurales de los programas, distinción entre evaluación formativa y evaluación sumativa, distinción entre evaluación intrínseca y extrínseca, etc. Actualmente, la evolución del concepto de evaluación educativa ha llevado a una aceptación mayoritaria de la conexión entre evaluación y toma de decisiones. Desde la segunda mitad de los 60 aparecen las llamadas alternativas cualitativas.

Aunque la bibliografía sobre evaluación de materiales no es escasa, en ocasiones en los textos sobre evaluación de carácter general no aparece ninguna referencia a la evaluación de materiales, mientras que sí se encuentran referencias a la evaluación de los aprendizajes, de los centros educativos, de los programas, etc. De todas maneras, algunos autores y autoras se han referido explícitamente a la evaluación de materiales cuando han tratado en general sobre evaluación. Así, por ejemplo, Sancho (1990) cuando escribe que el profesorado tiene «un amplio campo, aunque específico, de actuación evaluativa, que va desde la elección de libros de texto y los materiales y medios de enseñanza, hasta la calificación de alumnos, que es la tarea de evaluación por excelencia en nuestro sistema educativo».

Para Gairín (1989) los ámbitos u objetos de la evaluación son «los estudiantes, el personal docente y administrativo, el currículum, los materiales, los programas, los proyectos y las instituciones».

En la misma línea apunta Imbernón (1993) cuando afirma que la evaluación ha de permitir hacer una retroalimentación constante para mejorar el proceso educativo y, por tanto, «la evaluación interviene en el proceso educativo en todas las fases de un proyecto pedagógico: evaluación de las necesidades de los alumnos, evaluación del diseño de la programación, evaluación del proceso y desarrollo en la práctica, evaluación de los materiales, evaluación del profesorado, evaluación de la institución y evaluación de los resultados».

Pero lo cierto es que a menudo la vertiente de los materiales no se cita o queda en un plano secundario en la focalización de los intereses evaluativos, lo que no parece demasiado coherente con la importancia que tienen los materiales curriculares en los procesos de enseñanza-aprendizaje. La evaluación de materiales curriculares es un tipo concreto de evaluación con características específicas como, por otra parte, las tienen los otros tipos. Debe, por lo tanto, situarse en el contexto general de la evaluación educativa escolar.

La evaluación cumple una función de control, de análisis y de valoración de la calidad de lo que es su objeto. Gimeno y Pérez (1985) señalan dos características especialmente relevantes en la tarea evaluativa de la calidad de la enseñanza:

- «La naturaleza global y comprensiva de los análisis de evaluación»: los factores que afectan a los procesos y determinan la calidad de los resultados educativos son múltiples y actúan de forma interactiva.
- «El carácter axiológico de todo análisis de evaluación»: evaluar comporta valorar y eso implica la manifestación de un conjunto de problemas referidos a la jerarquía de valores adoptados, a las personas que tienen la responsabilidad de evaluar, los objetivos de la evaluación y la dimensión política de todo proyecto de evaluación.

La evaluación de materiales curriculares hay que ubicarla, por lo tanto, dentro de un conjunto más amplio de elementos interrelacionados: características del contexto, intenciones educativas definidas en el proyecto docente, criterios de atención a la diversidad, criterios de evaluación de los aprendizajes del alumnado, etc. Por lo tanto, dicha evaluación tiene que hacerse partiendo y teniendo en cuenta estos otros elementos.

En lo que se refiere a la vertiente axiológica, la evaluación de materiales curriculares puede responder a diferentes objetivos y tener diferentes funciones, especialmente teniendo en cuenta las personas que la realizan: el propio profesorado que los utilizará, la Administración, los editores, etc.

En el presente libro se trata del análisis de materiales curriculares con la función de seleccionar, elaborar y establecer criterios de uso de esos materiales por parte del propio profesorado que los tiene que utilizar, aunque se pueden adaptar a otras funciones, tales como, por ejemplo, orientar a los equipos editoriales en la elaboración de materiales curriculares. El planteamiento de análisis que se hace en este libro se sitúa en la perspectiva de diseñar, recoger y analizar sistemáticamente cualquier información para juzgar diferentes alternativas de decisión (Stufflebeam y Shinkfield, 1987). Para estos autores, la tarea de evaluar tiene cuatro componentes esenciales (Cuadro 4):

Cuadro 4

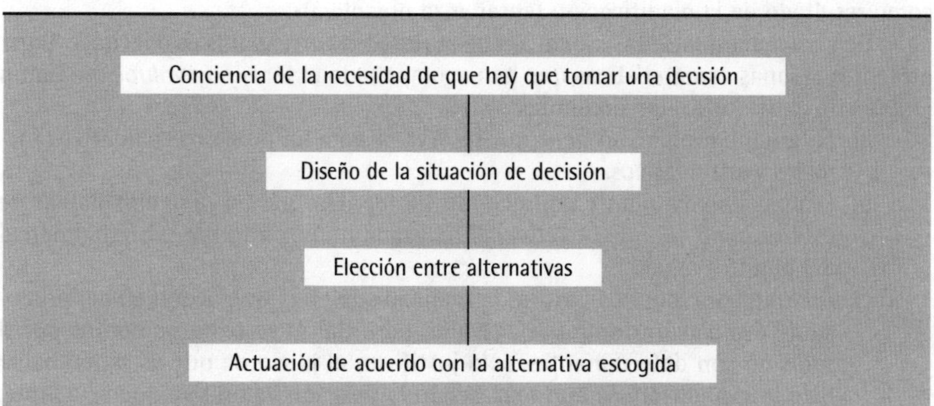


La evaluación de materiales curriculares, entendida como un tipo específico de evaluación, se puede ajustar perfectamente a esas cuatro fases. En palabras del propio Stufflebeam:

*La evaluación es el proceso de identificar, obtener y proporcionar información útil y descriptiva acerca del valor y el mérito de las metas, la planificación, la realización y el impacto de un objeto determinado, con el fin de servir de guía para la toma de decisiones, solucionar los problemas de responsabilidad y promover la comprensión de los fenómenos implicados.*

El autor establece una diferenciación entre «valor», entendido como respuesta a las necesidades valoradas, y «mérito», entendido como calidad. Los procesos evaluativos deben tender a ser meritorios (de calidad) pero, a la vez, deben intentar tener valor (responder realmente a lo que se tiene que valorar).

Esta concepción de la evaluación desde un carácter práctico y utilitario es también apuntada por Cronbach (1963) según el cual la evaluación tiene que ser útil para tomar decisiones que permitan mejorar el proceso y el programa.

Martínez (1992) cita cuatro funciones posibles de la evaluación. Tres de ellas son las siguientes:

- Proporcionar un juicio de valor sobre el aprovechamiento, por parte del sujeto, «de los *inputs* del proceso educativo».
- Constatar la coherencia entre los objetivos y los resultados.
- Poner en relación concreta todos los elementos personales que intervienen en el proceso educativo.

La perspectiva de análisis de materiales que se ha tomado en este libro se enmarca en una cuarta función: la de «proporcionar información para la toma de decisiones (...) especialmente en relación con los elementos» que componen el sistema.

Aparte de la función citada, la evaluación de materiales curriculares corresponde al tipo de decisiones que Pérez (1985) denomina «decisiones de estructuración: que se refieren a la especificación de los medios para adquirir los fines establecidos como resultado de la planificación (enseñanza preactiva)».

De cara a plantearse la evaluación de materiales curriculares es adecuado tener presentes algunas características que han acompañado el término *evaluación.* Gairín (1989) cita, entre otras, las siguientes:

a) El término evaluación tiene que reservarse para los procesos evaluativos formales y sistemáticos.
b) Evaluar implica emitir un juicio de tal manera que no podemos hablar de este término cuando la actividad realizada no nos informe sobre la bondad del objeto evaluado.
c) Aunque para algunos autores la realidad subjetiva que acompaña el proceso de evaluación disminuye su valor, para Gairín «estos argumentos por sí solos no son determinantes, sólo justifican el juicio de que es difícil hacer bien la evaluación» y, aun más, según la posición valorativa que se adopte, pueden aparecer evaluaciones distintas contradictorias entre sí.
   Aquí se puede hacer referencia a la evaluación cualitativa y al criterio defendido por muchos autores en el sentido de que esta metodología de evaluación es más adecuada que la cuantitativa cuando se trabaja en el

ámbito de las ciencias humanas (como es el caso de las ciencias de la educación), a diferencia de cuando se trabaja en el campo de las ciencias experimentales.

d) Se pueden encontrar programas meritorios que no son válidos o que son válidos pero no viables.
Este aspecto se debería tener especialmente en cuenta en la evaluación de materiales curriculares, ya que en lugar de emitir juicios sobre la bondad o maldad del material puede resultar más provechoso emitir juicios sobre para qué es útil el material y ver si se puede aprovechar para lo que es precisamente útil.

## Necesidad de modelos para el análisis de materiales curriculares

Como ha quedado reflejado en las páginas anteriores, las propuestas y los modelos de clasificación y de análisis de materiales curriculares son bastante abundantes y diversos, como diversos son los criterios de valoración que proponen los distintos autores y autoras. Pero si nos preguntamos sobre su utilidad real, sobre si constituyen una herramienta útil para elaborar, seleccionar y/o usar materiales curriculares con criterios más rigurosos y en función de un proyecto educativo o docente, entonces aparecen serias dudas. En las propuestas revisadas se encuentra a faltar, a menudo, un marco teórico que justifique las decisiones en el momento de analizar y evaluar materiales.

Aunque la evolución histórica de las distintas propuestas ha ido desde posiciones instrumentalistas y de influencia unidireccional del material a las más recientes que parten de una concepción distinta, en general se constata que las cuestiones formales y de lenguaje (tanto verbal como icónico) interesan más que los aspectos de contenido, y éstos más que los didácticos, tales como el método, las actividades propuestas, etc. Incluso una obra muy completa como la citada de Richaudeau (1981), que se refiere a la posibilidad de un triple análisis de los materiales (científico, pedagógico e institucional-organizativo) prácticamente no trata aspectos didácticos.

Algunas propuestas recientes son interesantes pero los instrumentos propuestos para el análisis generalmente son fruto de unas primeras reflexiones sobre la cuestión o han sido elaborados con un exceso de pragmatismo, resultando excesivamente simples. El profesorado requiere de un modelo, elaborado a partir de una base teórica, que no puede ser excesivamente complejo pero que no puede caer en una simplicidad demasiado elevada. El hecho de que el profesorado necesite una formación específica para analizar y evaluar materiales curriculares no debe hacer caer en el reduccionismo.

El modelo tiene que permitir una evaluación formal y sistemática que permita juzgar y decidir a partir de unas determinadas premisas. Las propuestas comentadas (y otras que no se han citado explícitamente) a menudo no se pueden considerar más que esquemas (buenos esquemas en algún caso) que relacionan aspectos que se deberían analizar o listas de cuestiones a responder que, aunque pueden ser de interés, acostumbran a ser muy genéricas y limitadas sólo a una parte de los aspectos que se deberían tener en cuenta. En algún caso el instrumento, además, no admite un análisis suficientemente matizado.

Otras propuestas son un poco más completas pero, aun así, no ofrecen otra cosa que un listado de cuestiones a plantearse, sin concretar demasiado y sin proporcionar orientaciones sobre cómo llegar a conclusiones que permitan decidir y optar. Más trabajadas y completas son algunas propuestas, aunque en este caso sucede que están centradas en algún ámbito muy específico (la educación a distancia, por ejemplo) o que presentan algunos déficits: no siempre queda claro el papel del proyecto curricular del centro como referente; en ocasiones se valoran aspectos que no deberían tener la importancia que se les da (en el apartado de evaluación, por ejemplo) y, por el contrario, quedan al margen otros aspectos que deberían aparecer; en otras ocasiones falta una articulación entre los distintos apartados y la valoración global (no queda claro cómo pasar de unos a la otra).

Cuestión aparte son las propuestas que sólo se refieren a una área determinada del currículum o a algunos ámbitos específicos (sexismo, diversidad...).

En general, las propuestas no responden coherentemente a un modelo o son demasiado simples, olvidando aspectos que se deberían contemplar o limitándose a una aproximación general sin entrar en un nivel de detalle que facilite el análisis, si se quiere sencillo, pero siempre riguroso.

En algunos casos, la estructura del instrumento de análisis no es clara. Las diferentes propuestas pueden proporcionar sugerencias para elaborar un nuevo modelo pero ninguna de ellas se puede considerar que reúna un mínimo de condiciones para poder ser considerada un modelo.

Cuando se analizan los instrumentos propuestos, se llega a la conclusión de que existe una consciencia, por parte de sus autores, en el sentido que es necesario contar con instrumentos para el análisis de materiales. Pero asimismo da la impresión de que, en la mayoría de casos, estos autores no han pretendido elaborar un modelo ni siquiera un instrumento que se pueda considerar suficientememte completo y riguroso. Se trata, en la mayoría de los casos, de primeras aproximaciones y/o de pautas que desarrollan especialmente algunas de las vertientes del análisis, como por ejemplo las bases psicopedagógicas.

Algunos de los modelos propuestos son de carácter esencialmente estadístico y cuantitativo (se pueden añadir los de López, 1982; Rodríguez, 1983; Argibay, Celorio y Celorio, 1991), con lo que parece difícil que se puedan aplicar en una perspectiva que considere la enseñanza como algo complejo y sujeto a variables diversas, donde las reducciones a la estadística pueden ser un complemento pero son del todo insuficientes si no se acompañan de valoraciones cualitativas y matizadas. Por otra parte, los modelos estadísticos tienen el inconveniente de que su aplicación acostumbra a ser en exceso laboriosa. En este sentido, los modelos más cualitativos (a los expuestos, se les pueden añadir otros como el de Bernard, 1974) parecen a priori más adecuados, aunque hay que tener en cuenta otros factores: qué se analiza, a partir de qué planteamientos o concepciones, hasta qué punto del análisis se pueden extraer conclusiones útiles, etc.

La necesidad de modelos de análisis hay que entenderla siempre referida a la triple dimensión de elaboración, selección y uso de materiales curriculares. Puede ser adecuado que estos modelos planteen diferentes niveles de profundización en el análisis: un nivel menos profundo para orientar la elaboración o las tareas de selección de materiales, y un nivel de análisis más profundo para establecer criterios de uso de los materiales. Estos criterios de uso pueden formularse orientativamente a priori, antes de usar el material, pero se deberán reformular a medida que se va evaluando cómo se está usando realmente. Es en este sentido que algunos estudios (Área, 1985, 1986, 1991) inciden en la necesidad de evaluar los textos escolares en situaciones de uso.

# 6

# Criterios para el análisis de materiales curriculares. Propuesta de un modelo

Los siguientes criterios configuran un modelo de análisis de materiales curriculares cuyas características, así como sus ámbitos y los aspectos a tener en cuenta en cada ámbito para su análisis, se especifican en el presente capítulo. En el siguiente, se presenta un instrumento para el análisis y evaluación de materiales curriculares que utilizan el papel como soporte.

## Características generales del modelo propuesto

El modelo se justifica a partir de las conclusiones apuntadas en capítulos anteriores: la necesidad de disponer de modelos de análisis de materiales curriculares, en una perspectiva de aprendizajes significativos y funcionales, dirigidos al profesorado para que éste pueda realizar una evaluación formal y sistemática que le ayude a seleccionar y a establecer criterios de uso de los materiales analizados. El modelo está pensado para los materiales curriculares más utilizados: materiales que utilizan el papel como soporte y que están destinados a ser usados por el alumnado y materiales dirigidos al profesorado que se relacionan directamente con los anteriores, siempre y cuando tengan como finalidad ayudar al docente en el proceso de planificación y/o desarrollo y/o evaluación del currículum.

Las características del modelo en lo que se refiere a sus aspectos axiológicos son las siguientes:

- Los responsables de evaluar son los profesores y las profesoras que después utilizarán didácticamente los materiales.
- Los objetivos de la evaluación son ayudar a seleccionar los materiales más adecuados y ayudar a establecer criterios de uso de esos materiales en el aula.
- El aprendizaje significativo es un proceso de construcción personal que requiere que se den una serie de condiciones.

Por otra parte, el modelo tiene que entenderse como un instrumento útil para evaluar materiales curriculares, pero esta evaluación se tiene que contextualizar en un conjunto más amplio de elementos interrelacionados, de aquí la importancia (reflejada ampliamente en el modelo) de analizar las propuestas del material en relación a los acuerdos establecidos en el proyecto curricular del centro.

El modelo plantea la necesidad de analizar el conjunto de materiales que constituyen un mismo proyecto editorial pero el instrumento de análisis propuesto está pensado para ser aplicado simultáneamente a un solo material. En todo caso, después será necesario ubicar este material en el conjunto. La guía didáctica o libro del profesorado no se considera un material aparte, sino que hay que analizarlo junto con el material del alumnado, ya que algunos elementos se encontrarán en la guía y otros en el material del alumnado. Uno y otro deberían estar íntimamente relacionados.

Se contemplan los siguientes ámbitos de análisis: intenciones educativas, bases psicopedagógicas, atención a la diversidad y aspectos formales. Los tres primeros constituyen los referentes fundamentales para tomar decisiones respecto a cualquiera de los componentes didácticos, entre ellos los materiales curriculares.

Para operativizar el análisis, el modelo incluye unas parrillas que constituyen el instrumento de análisis (véase el capítulo 7). En el diseño de este instrumento se han tenido en cuenta, entre otros aspectos, los siguientes:

- El instrumento tiene que ser de uso sencillo a la vez que riguroso.
- Tiene que permitir la realización de dos niveles de análisis según el grado de profundización que se desee.
- La valoración tiene que ser más cualitativa que cuantitativa.
- Tiene que permitir llegar a conclusiones evaluativas generales a partir del análisis de cada ítem y de cada ámbito.

Cabe señalar también que el modelo que se propone ha sido validado en una investigación en la que se analizó un total de 84 materiales curriculares (Parcerisa, 1995).

## Ámbitos para el análisis de los materiales

Un primer ámbito pretende la descripción de las características básicas del material a analizar. Este primer apartado tiene que servir para determinar de qué tipo de material se trata y cuáles son sus funciones. Los criterios o ítem de análisis están repartidos en otros cuatro grandes bloques o ámbitos:

- Ámbito de análisis en función de las intenciones educativas.
- Ámbito de análisis en función de los requisitos para el aprendizaje.
- Ámbito de análisis en función de la atención a la diversidad del alumnado.
- Ámbito de análisis en función de los aspectos formales.

Estos cuatro ámbitos cubren las grandes cuestiones a analizar: qué pretende enseñar el material, cómo es de coherente con los requisitos para un aprendizaje lo más significativo y funcional posible, cómo contempla un aspecto tan determinante como la diversidad del alumnado, y cuáles son sus características formales.

En el tratamiento de cada uno de esos ámbitos (que se aborda a continuación) se informa sobre cuáles son los aspectos que, en la presente propuesta, se consideran como posible objeto de análisis.

## Ámbito descriptivo

Este ámbito o bloque previo a los ámbitos de análisis propiamente dichos, incluye una serie de elementos que tienen como función ayudar a determinar las características básicas del material curricular objeto de análisis.

### Intenciones y ámbito de aplicación

Para ubicar el material es necesario, en primer lugar, conocer cuál es su función y su ámbito. Puede estar diseñado para ser autosuficiente o para complementar otro material; para desarrollar objetivos y contenidos de un grado o curso o de un ciclo; puede hacer referencia a una sola área o a más de una, etc. Para determinar el ámbito de aplicación será de ayuda consultar los objetivos generales que se explicitan en el propio material. En todo caso, cabrá considerar como positivo que el material se encuentre ubicado en una perspectiva de ciclo y no tan sólo de grado o curso.

Según el ámbito que puede pretender abarcar el material es posible establecer la siguiente clasificación:

- Paquete curricular: conjunto de materiales que pretenden responder a todos los objetivos de un área o de diversas áreas para un grado o curso, un ciclo o una etapa. En este caso, el análisis de cada componente o material específico se tendrá que hacer considerando los otros materiales que constituyen el *paquete*.
- Libro, u otro tipo de material curricular, que pretende ser autosuficiente, desarrollando todos los objetivos de un área, generalmente para un grado o curso, aunque también puede ser para todo un ciclo.
- Libro, u otro tipo de material curricular, que solamente pretende tratar algunos objetivos de un área. Se trata de un material con funciones complementarias.

### Componentes

Para proceder al análisis será necesario tener en cuenta si se tienen que relacionar diversos materiales o si se trata de un análisis limitado a un solo material curricular. En todo caso, la guía didáctica o libro del profesorado se puede considerar como parte del mismo material, pero se tendrá que especificar si se debe tener en cuenta o no la existencia de una guía. Los diversos cuadernos de una serie se pueden considerar un solo material, aunque formalmente sean más.

### Organización de los contenidos

Para determinar las características básicas del material será necesario conocer también la opción tomada para la organización de los contenidos. Para simplificar, el modelo propone contemplar solamente estas posibilidades:

- Sin interrelación entre las áreas.
- Con relaciones entre las áreas.
- Organización globalizada.

## Tipo de material

El material puede ser distinto según su función, las características de uso y en relación al material complementario dirigido al profesorado.

**Según la función**

Según su función el material puede ser:

- *Informativo o de consulta:* libro, u otro material, que tiene como función básica la exposición de información.
- *De propuestas de actividades:* a menudo se presenta en forma de cuaderno fungible, en muchos casos conteniendo actividades de ejercitación.
- *De lectura:* libro, u otro material, que tiene como función básica proporcionar textos para el aprendizaje de la lectura. (El concepto *aprendizaje de la lectura* se debe entender en sentido amplio, incluyendo todos los aspectos y grados inherentes a ese aprendizaje.)
- *Mixto:* material que incluye más de una función de las anteriores, tales como información y actividades, información y lectura, etc.

En el caso de materiales curriculares mixtos con una función informativa y con propuestas de actividades, la aparición de los elementos de una y otra función, en cada unidad didáctica, puede responder a diferentes esquemas. Por ejemplo:

- *Información seguida de propuestas de actividades:* primero aparece toda la información y, en la parte final de la unidad didáctica, se proponen las actividades que pueden ser realizadas por el alumnado.
- *Información seguida de una o varias propuestas de actividades* que, a su vez, son seguidas de nueva información, y así sucesivamente: después de cada bloque de información se encuentra la propuesta de una o varias actividades para su aprendizaje. En algunos casos, las propuestas de actividades aparecen encadenadas con el texto expositivo.
- *Propuesta de actividad o de actividades seguida de información* (el esquema se puede repetir diversas veces dentro de la unidad didáctica): se trata de una opción semejante a la anterior pero, en este caso, el proceso se inicia con la propuesta de actividades a la cual sigue la exposición de la información relacionada con aquélla.

**Según las características de uso**

Desde este punto de vista, el material curricular puede ser:

- *Fungible:* diseñado para que el alumnado trabaje (escriba, dibuje, recorte...) sobre el propio material.
- *No fungible:* diseñado para que el trabajo no sea realizado sobre el propio material.

Tanto el material fungible como el no fungible puede presentarse con diversos sistemas de encuadernación: tipo libro, carpeta con anillas, etc.

Por otra parte, el material puede haber sido diseñado con la intención de que sea utilizado individualmente o con la intención de llegar a ser un material de uso colectivo (el mismo material será utilizado por distintos alumnos y alumnas).

**Según el material complementario**

En relación al material complementario dirigido al profesorado las dos grandes tipologías son:

- Con material complementario independiente para el profesorado.
- Sin material complementario independiente para el profesorado.

### Lengua del material

El idioma en que está escrito el material es un aspecto especialmente importante a tener en cuenta.

### Organización didáctica: apartados

Los contenidos y las actividades se pueden agrupar en los materiales bajo distintas formas.

### Materiales complementarios necesarios

Para completar la descripción de las características básicas del material cabe fijarse en si, en su planteamiento, pretende ser autosuficiente (en el sentido de que el alumnado no necesite recurrir a ningún otro material) o el grado en que se requiere de otros materiales, los cuales pueden estar editados por la misma editorial o no: el material puede proponer actividades que, aunque partan de los contenidos presentes en el texto que se analiza, sugieran una ampliación; puede proponer recurrir a otras fuentes de información; puede considerar contenidos no incluidos en el texto analizado; etc.

## Ámbito de análisis en función de las intenciones educativas

Este segundo ámbito se refiere al análisis propiamente dicho. La intencionalidad educativa tiene que considerarse un rasgo característico de la educación escolar. Las decisiones curriculares (en el caso que nos ocupa, las que se reflejan en los materiales) deben poderse justificar en función de las intenciones educativas definidas, las cuales tienen que estar fundamentadas.

En el presente modelo de análisis se parte de la suposición de que cada centro escolar ha especificado, en su proyecto curricular, los acuerdos en respuesta a las cuestiones sobre qué se tiene que enseñar (contenidos), para qué (objetivos), cuándo (secuenciación y organización de objetivos y contenidos), cómo (criterios metodológicos y organizativos) y las mismas cuestiones referidas a la evaluación. Es por esto que el modelo no plantea cuestiones referidas a la coherencia de los materiales curriculares con la normativa prescriptiva establecida por la Administración educativa. Por el contrario, sí que se plantea el análisis en relación a los acuerdos recogidos en el proyecto curricular del centro. En todo caso, es en este proyecto donde cabría analizar la coherencia con el currículum prescriptivo.

## Objetivos

Los objetivos generales especificados en el material se tendrán que contrastar con los objetivos generales recogidos en el proyecto curricular y/o en el proyecto educativo del centro. El análisis tiene que proporcionar informaciones en el sentido de si, en función del grado de correspondencia, será necesario que el profesorado añada y/o suprima y/o adapte alguno o algunos de los objetivos del material.

Por otra parte se deberá analizar si los objetivos propuestos son adecuados para el alumnado al cual se dirige el material. Aparte de otras características de este alumnado, se podrá valorar si los objetivos son apropiados y proporcionados a la edad de las personas que han de adquirir las capacidades que se expresan en los mencionados objetivos.

Un tercer aspecto a analizar será la coherencia entre los diferentes objetivos definidos en el material. Considerados globalmente, los objetivos tienen que poder coexistir armónicamente y no mostrar contradicciones entre ellos.

## Contenidos

Los contenidos propuestos en el material se podrán analizar desde cinco perspectivas, las cuáles se relacionan a continuación sin presuponer un orden de prioridad de unas respecto a las otras. Un caso específico, por sus características, es el material de lectura (apartado «Materiales de lectura» ). El análisis de los componentes de cada apartado debe permitir llegar a conclusiones respecto a la adecuación de los contenidos (apartado «Conclusión respecto a los contenidos»).

### Tipos de contenidos

La diferenciación entre contenidos conceptuales, procedimentales y actitudinales será útil, ya que permitirá clarificar mejor lo que se pretende enseñar y prever actividades coherentes con cada tipo de contenido. Por lo tanto, es importante que en el material se diferencie claramente entre los diversos tipos de contenidos y se especifique, en cada caso, de qué tipo es el contenido que se pretende trabajar.

Aunque como mínimo los materiales tendrían que diferenciar entre contenidos conceptuales, procedimentales y actitudinales, sería interesante que la diferenciación fuera más detallada y especificase si el contenido que se propone trabajar en cada caso es un:

- *Hecho, concepto, sistema conceptual.* La diferenciación entre hechos (fechas, símbolos, datos, nombres, etc.) y otros tipos de contenidos conceptuales sería clarificadora, ya que las estrategias de enseñanza y de evaluación de uno u otro tipo tienen que ser distintas.
- *Procedimientos de uno u otro tipo.* En el epígrafe procedimiento (o, con más propiedad, contenido procedimental) se incluyen todos aquellos contenidos que pretenden que el alumnado llegue a saber hacer algo, que sea capaz de seguir los pasos para llegar a un punto. Pero se trata de un concepto muy amplio que incluye habilidades, estrategias, destrezas... Es decir, existen tipos de procedimientos muy distintos. Por lo tanto, sería interesante que en el material se especificaran las características del tipo de contenido procedimental que se propone trabajar.

- *Valores, normas o actitudes.* También en este caso se podría hacer la distinción aunque, a nivel práctico, la consideración en conjunto del bloque actitudinal puede ser suficiente.

**Correspondencia de los contenidos con los objetivos especificados en el propio material**

El grado de importancia educativa de un contenido debe venir determinado por su relación con un objetivo, por su utilidad para ayudar a la adquisición de una capacidad definida en los objetivos. En consecuencia, el material debería especificar cuál es la relación entre contenidos y objetivos generales. La falta de explicitación de esta relación debe considerarse como un aspecto negativo relevante.

**Grado de interrelación de los contenidos**

La interrelación de los contenidos facilita su aprendizaje. El análisis de las relaciones que se dan entre los contenidos de un mismo tipo y entre contenidos de distinto tipo ayudará a conocer el grado de interrelación. Para realizar este análisis pueden ser útiles los llamados mapas conceptuales o de trayectoria didáctica. En el material tiene que constar explícitamente la interrelación y, en caso contrario, se debe considerar negativamente.

También cabrá analizar si existe una proporción adecuada entre los distintos tipos de contenidos. Es interesante fijarse en la importancia relativa que el material da a la enseñanza-aprendizaje de hechos respecto a la que da al de conceptos (y sistemas conceptuales). Este es un aspecto difícil de analizar si en el material no aparecen explicitados los diferentes tipos de contenidos. De todas maneras, dependerá de cada profesor o profesora decidir si, en caso de falta de explicitación, procede al análisis o descualifica el material en este aspecto sin afrontarlo.

Por otra parte, deberá analizarse si el material realmente es adecuado para la enseñanza-aprendizaje de los contenidos procedimentales y de los contenidos actitudinales que se especifiquen, teniendo en cuenta la diferencia de estrategias didácticas que requiere la enseñanza de estos tipos de contenidos respecto a los conceptuales. También en este caso cada profesor o profesora deberá decidir si procede o no al análisis si en el material no hay la suficiente información que lo facilite.

**Rigurosidad y actualización de los contenidos**

Es importante analizar la rigurosidad de los contenidos ya que algunos materiales caen en simplificaciones que deforman la realidad. Por otra parte, debido a los cambios acelerados de todo orden que se producen en la actualidad, también es importante analizar la actualización de los contenidos que se desarrollan en el material; hay que consultar la fecha de edición del material, las fechas de los datos estadísticos que se reproducen, etc.

**Adecuación de los contenidos**

Deberá analizarse la adecuación de los contenidos al proyecto curricular del centro y al entorno donde se encuentra ubicado el centro. Este análisis orientará sobre si es necesario efectuar cambios, añadiendo y/o suprimiendo y/o adaptando contenidos para adecuarlos al entorno, etc.

**Materiales de lectura**

Estos materiales se tienen que analizar con las mismas pautas que los otros pero, por su especificidad, se deberá tener especialmente en cuenta que será conveniente analizar los siguientes aspectos:

- Si se combinan contenidos del mundo real con contenidos del mundo imaginario; del mundo próximo y cotidiano con contenidos del mundo lejano y desconocido.
- Si existe diversidad textual: si hay textos narrativos, descriptivos, expositivos, instructivos-inductivos, predictivos, etc. Se trata de analizar no tanto si hay textos puros de los distintos tipos sino si, a lo largo del material de lectura (incluso en un mismo texto), aparecen diversas estructuras textuales. Se deberá analizar si las estructuras responden a una variedad de formas adecuada a la edad del alumnado.
- Si los textos se ajustan, aproximadamente, a las *estructuras canónicas*:
  - Narración: Marco/complicación/resolución.
  - Exposición: Introducción/desarrollo/conclusión.
  - Descripción: Tema/Expansión/Partes o nomenclatura: detalle de las cualidades o propiedades.
  - Conversación: Obertura/orientación a la conversación/tema que se desarrolla/cierre.

**Conclusión respecto a los contenidos**

El análisis de las cuestiones anteriores tiene que permitir llegar a una conclusión respecto de la pregunta básica que se debe plantear en referencia a los contenidos: ¿los contenidos propuestos hacen prever que se podrán conseguir los objetivos?

En el caso de que se llegue a la conclusión de que los contenidos no son adecuados para los objetivos definidos, se tendrá que plantear para qué aprendizajes lo son.

En el caso de que en el material no se hallen las explicitaciones necesarias para proceder a un análisis que permita llegar a conclusiones, éstas deberán considerarse negativas precisamente por falta de información suficiente.

## Actividades en función de los objetivos y los contenidos

Si se analiza un material que incluye actividades, cabrá plantearse si las actividades propuestas responden a los objetivos y contenidos especificados. En una perspectiva de educación intencional, las actividades tienen que responder a unas intenciones. Estas actividades vendrán organizadas en secuencias o series. Se deberán analizar algunas de estas secuencias para ver si se da una correspondencia entre actividades, por un lado, y objetivos y contenidos, por otro. El análisis debería plantearse desde dos perspectivas:

- *Existencia de relación de las actividades de las secuencias analizadas con los objetivos y contenidos.* Hay que fijarse en si las actividades son adecuadas a lo que pretenden. En el caso de que en el material no se explicite la relación entre actividades y objetivos/contenidos, cada profesor o profesora tendrá que decidir si éste es, por sí solo, motivo suficiente para descualificarlo en la cuestión a que se está haciendo referencia.

- *Existencia de actividades adecuadas para la enseñanza-aprendizaje de cada objetivo y contenido.* Para realizar este análisis será necesario tomar una muestra de los objetivos y contenidos. También se tendrá que analizar si la cantidad de actividades propuestas para el aprendizaje de cada contenido es a priori suficiente, especialmente en el caso de la enseñanza de procedimientos y de actitudes.

El análisis de si se preven las actividades necesarias para facilitar el aprendizaje de unos determinados objetivos y contenidos y el análisis de si se da una buena progresión de las actividades para el aprendizaje de un contenido determinado, son muy difíciles de abordar si no hay una previa explicitación en el material. En este caso se deberá considerar los aspectos citados negativamente, por falta de información.

Cada profesor y profesora deberá decidir si, en caso de falta de explicitación, procede al análisis de si las actividades propuestas son en general adecuadas para conseguir los objetivos definidos o si considera que la falta de información comporta una valoración negativa de este aspecto.

### Evaluación

En algunos materiales curriculares se podrán encontrar orientaciones para la evaluación del proceso de enseñanza y aprendizaje de los objetivos y contenidos propuestos en el propio material, ya que la evaluación constituye un componente de este proceso.

Deberá analizarse la correspondencia de los criterios y de las tareas evaluativas propuestas en el material con los objetivos y contenidos. La evaluación debe estar en función, entre otros aspectos, de lo que se pretende enseñar.

Se tendrá que analizar, también, la coherencia entre las propuestas de evaluación recogidas en el material y los criterios sobre ésta reflejados en el proyecto curricular del centro.

## Ejes o temas transversales del currículum

El análisis del grado y del sentido de la presencia de los llamados temas transversales en el material es imprescindible en un doble sentido: especificación de objetivos y de contenidos transversales, por un lado; contenidos implícitos en el material, por el otro.

#### Análisis de si específicamente se plantean objetivos y/o contenidos transversales

El material puede especificar objetivos y/o contenidos referidos a la educación del consumo, para la salud, etc. o no contemplar temas transversales. Se puede dar el caso que contenidos como los citados no se trabajen transversalmente sino dentro de un área o una asignatura específicas.

#### Análisis de los valores, normas de comportamiento y actitudes implícitos

Estos contenidos aparecen en las ilustraciones, en el texto expositivo, en los problemas y ejercicios, etc. Este análisis es particularmente interesante ya que uno de los mecanismos básicos de aprendizaje de actitudes y valores es el aprendizaje vicario o de imitación de modelos, y el propio material curricular vehicula determinados modelos. Será necesario analizar, por ejemplo, la presencia y el papel que se atribuye a personas de distinto sexo, raza o edad; la presencia y el tratamiento que se da a ámbitos geográficos diferentes (pueblo, ciudad), a distintas categorías socioprofesionales, a la familia, etc.

### Justificación de las opciones tomadas

Hay que comprobar si las distintas opciones tomadas en el material (respecto a objetivos, contenidos, actividades, etc.) se encuentran explícitamente justificadas.

## Ámbito de análisis en función de los requisitos para el aprendizaje

En este ámbito el modelo propone analizar la coherencia de las decisiones tomadas en el material con los requisitos o condiciones que favorecen un aprendizaje lo más significativo y funcional posible. Para que el análisis resulte más funcional, se plantea en tres grandes bloques atendiendo a tres grandes tipos de materiales curriculares: informativos o de consulta, con propuestas de actividades y específicos de lectura.

### Materiales informativos o de consulta

Los materiales de consulta están pensados como apoyo en el desarrollo de unidades didácticas. No son fungibles, tienen un carácter informativo y se pueden usar individual o colectivamente. Se puede considerar coherente que estén elaborados para todo un ciclo. Pueden ofrecer discursos motivadores respecto a diferentes temas, descripciones con ejemplos e ilustraciones, resúmenes, definiciones, listados, clasificaciones, etc. El análisis de estos materiales se plantea desde cuatro vertientes: adecuación del nivel lingüístico, densidad informativa, carácter dogmático/carácter abierto, y secuencias de lectura.

#### Adecuación del nivel lingüístico, tanto léxico como morfosintáctico

El nivel tiene que ser adecuado a la edad, y a les capacidades en general, de los destinatarios. La dificultad que supone el vocabulario desconocido se tendría que poder resolver atendiendo al contexto en que se inscribe la palabra o expresión desconocida para el lector o lectora, con la ayuda de las ilustraciones y/o con una explicación contextualizada dada en el propio material. También se deberá analizar si existe un exceso de frases largas y rebuscadas, ya que dificultan la comprensión.

#### Densidad informativa

La densidad es una relación: la de las informaciones significativas (la parte original del mensaje) respecto al número total de informaciones (la parte no original es la redundante). La cantidad de informaciones originales en cada apartado del material tendría que ser limitada y adecuada a la edad del alumnado destinatario. La redundancia tiene por función eliminar la ambigüedad. Se tendrá que analizar si, en cada apartado, existen los recursos de redundancia suficientes: repeticiones utilizando los mismos términos, repeticiones utilizando términos diferentes, ilustraciones, etc.

**Carácter dogmático/carácter abierto del material**

Se analizará si se da una sola visión de la realidad o diversas visiones, si las cuestiones se plantean cerradas o abiertas, si se expresa o no la relatividad...

**Secuencias de lectura**

Se deberá analizar si se explicitan los siguientes aspectos:

- Introducciones y organizadores previos que faciliten la conexión de los nuevos contenidos con los aprendizajes previos de cada alumno y alumna.
- Elementos facilitadores de la motivación, tales como referencias directas a personas de la misma edad del alumnado destinatario del material, ejemplos de la vida cotidiana, bromas, preguntas...
- Grados de lectura: diferenciación entre informaciones esenciales y anecdóticas, entre contenido central y ejemplificaciones, etc.
- Síntesis y resúmenes que faciliten la comprensión del texto.

## Materiales con propuestas de actividades

Se trata de un tipo de material que presenta una programación de actividades. Estos materiales pueden consistir en temas monográficos, en una serie de unidades didácticas (para un curso, por ejemplo) o en diseños (generalmente son fungibles) para el aprendizaje de contenidos específicos, especialmente de tipo instrumental (cálculo, resolución de problemas, técnicas de estudio, ortografía...). Algunos de estos materiales son autocorrectivos.

En referencia a estos materiales se propone analizar cuatro aspectos: secuencias de actividades de enseñanza-aprendizaje, carácter individual o grupal de las actividades propuestas, criterios de organización del aula, propuestas de evaluación.

**Secuencias de actividades de enseñanza-aprendizaje**

Las actividades propuestas en el material se estructuran en secuencias o series. A partir de la selección de algunas de estas secuencias, se analizará si en ellas aparecen los siguientes tipos de actividades:

- *Actividades que tienen como fin ayudar a conocer los aprendizajes previos* realizados por el alumnado. (De las actividades evaluativas, tanto de evaluación inicial como de otros tipos, se trata en el punto «Propuestas de evaluación» de este mismo apartado.)
- *Actividades para ayudar a la motivación y de relación con la realidad.* Se deberá tener presente que dos facilitadores de la motivación al iniciar una tarea son la valoración positiva de la tarea (por qué se considera interesante, despierta curiosidad, etc.) y las expectativas personales de éxito respecto a su realización, las cuales estarán muy relacionadas con el grado de dificultad que se atribuya a la tarea, con la autoconfianza, los estímulos

externos recibidos, etc. Por lo tanto, los elementos que faciliten la motivación serán aquellos que ayuden a mejorar las valoraciones y las expectativas.

- *Actividades fomentadoras de la interrogación y del cuestionamiento.* La creación de conflictos cognitivos ayuda a la significatividad del aprendizaje. El material curricular tendría que incluir orientaciones para ayudar a crear esos conflictos o plantear directamente cuestiones e interrogantes que los faciliten.
- *Actividades de elaboración y de construcción de significados.* Tendría que haber actividades (informativas, de comprensión, de contraste con los conocimientos previos) que tuviesen como finalidad que el alumnado elaborase y construyese nuevos significados.
- *Actividades de descontextualización y de aplicación.* Partir de un contexto conocido facilita el aprendizaje pero también se requieren actividades que ayuden a la descontextualización, a la generalización y a la aplicación de lo que se ha aprendido.
- *Actividades de ejercitación.* La comprensión es indispensable pero no suficiente: es necesario que existan actividades de memorización (a partir de la comprensión, no una memorización mecánica repetitiva) y/o de ejercitación para almacenar las informaciones en la red memorística personal y adquirir hábitos, destrezas y habilidades.
- *Actividades de síntesis.* Este tipo de actividades (resúmenes, cuadros sinópticos, mapas conceptuales, etc.) ayudan a asimilar los aspectos clave y los contenidos inclusores de otros contenidos que sean especialmente relevantes.

**Carácter individual o grupal de las actividades propuestas**

Aparte de su posible interés para el aprendizaje de contenidos conceptuales, el trabajo en grupo se convierte en imprescindible para el aprendizaje de determinados contenidos procedimentales y actitudinales. Por otra parte, el trabajo individual es también necesario, entre otras cosas porque puede facilitar el respeto a la diversidad del alumnado, lo que no significa que con el trabajo grupal no sea posible este respeto. En todo caso, parece que lo más adecuado sería un equilibrio entre las actividades de carácter individual y las de carácter grupal.

**Criterios de organización del aula**

Se analizará si los materiales curriculares contemplan pautas, sugerencias y orientaciones referidas a la organización del aula, concebida ésta como un ambiente de aprendizaje. Las variables organizativas a tener en cuenta son:

- La organización del espacio.
- La organización del tiempo.
- La manera o maneras de agrupamiento del alumnado.

El análisis de estos aspectos permitirá conocer cuál es el enfoque en el material analizado del sistema de comunicación en el aula: canales, momentos, normas... de comunicación entre los miembros del grupo-clase y entre éstos (individual y colectivamente) y el profesor o profesora, así como entre la clase y el resto de la comunidad, escolar y extraescolar.

**Propuestas de evaluación**

El análisis se podrá referir a dos aspectos: tipos de evaluación de los aprendizajes del alumnado y evaluación del profesorado y del currículum.

Respecto al tipo de evaluación, se analizará cuáles de los siguientes se contemplan:

- *Evaluación inicial:* pautas y/o actividades para tener en cuenta los conocimientos, ideas y actitudes previas del alumnado y sugerencias sobre cómo iniciar y enfocar la unidad didáctica y/o la introducción de determinados contenidos atendiendo a los resultados de la evaluación inicial o diagnóstica. Como mínimo, en el material, se tendrían que encontrar especificados los contenidos que el estudiante tendría que haber aprendido antes de iniciar la enseñanza de otros nuevos.
- *Evaluación formativa:* pautas y sugerencias para facilitar la evaluación continuada y formativa del alumnado, aprovechando las actividades de enseñanza propuestas en el material.
- *Evaluación sumativa:* orientaciones para la realización de este tipo de evaluación tanto en lo que se refiere a su concepción como instrumento para conocer los resultados de los procesos de enseñanza-aprendizaje, como en lo que se refiere a su concepción como instrumento para conocer el proceso que ha seguido el alumnado.

El segundo nivel de análisis se referirá a la existencia o no existencia de pautas y/o sugerencias para la evaluación de la enseñanza.

## Materiales de lectura[3]

En este tipo de material se propone analizar los aspectos estructurales, los léxicos y las secuencias de actividades.

**Estructura**

En este aspecto se considerará lo siguiente:

- *Conocimiento/desconocimiento del texto:* equilibrio entre los textos de argumento conocido y los de argumento desconocido. Se trata de un aspecto a analizar especialmente en el caso de material dirigido a alumnado de los primeros cursos o grados.
- *Hilo conductor:* presencia de un protagonista, de una situación... que ayude a motivar al lector y a proporcionar cierta unidad.
- *Uso de las marcas tipográficas, indicadores y palabras clave* propios de cada texto, que faciliten su comprensión, tales como «había una vez...; apreciado Luis...; en primer lugar (...), en segundo lugar...; este texto tratará de ...». Y en general: cambios de letra, subrayados, enumeraciones, guiones, etc.

[3] Para este apartado han sido muy útiles algunas sugerencias aportadas por Isabel Solé.

- *Existencia de introducciones y resúmenes* que faciliten la comprensión del texto.
- En cuanto a la longitud, *textos no excesivamente largos* que puedan ser leídos en una o dos sesiones.

**Léxico**

En los aspectos léxicos podrá analizarse lo siguiente:

- *Dificultades léxicas* (vocabulario desconocido): posibilidad de resolverlas atendiendo al contexto en el cual se iencuentra la palabra o expresión que presenta dificultad. Las ilustraciones pueden ayudar a establecer una comprensión aproximada de la palabra o expresión de significado desconocido. En el propio material se debería encontrar una explicación contextualizada.
- *Cantidad de dificultades léxicas* presentes en un texto: debería ser proporcionada a su longitud. En todo caso, las dificultades no deberían superar las dos o tres páginas en el caso de textos dirigidos al alumnado de primeros cursos; las dificultades pueden aumentar progresivamente en los materiales para alumnado mayor, sin exceso.

De todas maneras, se trata de una cuestión que debe tomarse con relatividad, ya que si las dificultades pueden ser resueltas por el contexto, incluso pueden ayudar y motivar al lector o lectora. Si para entender el texto es necesario recurrir a menudo al docente o al diccionario, se produce un efecto desmotivador y se fomenta la dependencia del alumnado.

**Secuencias de actividades**

Se analizarán las siguientes cuestiones:

- *Carácter unificado o diversificado de las orientaciones* y/o propuestas que se presentan. Se considerará que se da el primer caso cuando la secuencia que se propone para los diversos textos sea, en esencia, la misma. (Por ejemplo: lectura colectiva del texto, preguntas de «comprensión» y ejercicios, que pueden ser o no de comprensión de lo que se ha leído.) El carácter será diversificado cuando se combinen diferentes posibilidades de lectura: individual silenciosa, profesorado-alumnado, colectiva oral, colectiva silenciosa, en parejas, etc.
- Existencia de *actividades de lectura guiada* por el profesorado (intervenciones del profesorado y del alumnado para generar predicciones, establecer resúmenes de lo leído, formular preguntas, clarificar dudas, etc.) y de prácticas de lectura independiente. Se deberá analizar si en el material se encuentran presentes los dos tipos de prácticas.
  Será necesario analizar si, en el material, se proponen tareas que obliguen al profesorado y al alumnado a establecer inferencias y predicciones, a utilizar el contexto, a utilizar sus conocimientos previos para construir una interpretación del texto, a formular preguntas y plantear dudas.
- Presencia en la secuencia de los siguientes tipos de actividades:
- Para *antes* de la lectura: favorecedoras de la motivación, de activación de

los conocimientos previos, de establecimiento de predicciones.

- Para realizar *durante* la lectura: que faciliten la resolución de conflictos y dudas de la manera más autónoma posible, que permitan una comprobación recurrente de la comprensión.
- Para *después* de la lectura: se analizará si se proponen actividades relacionadas con la comprensión, tales como resumir, sintetizar, establecer las ideas principales. (También se deberá analizar si en el material se proporcionan indicaciones que enseñen a resumir, a identificar, a buscar las ideas principales, etc.) Por otra parte, cabrá analizar si se ayuda a establecer valoraciones sobre lo que se ha leído y si, a partir de éstas, se ayuda a proyectar nuevos finales, posibles continuaciones de la historia, etc. Se podrá analizar, asimismo, si se proponen actividades de escritura relacionadas con lo que se ha leído.

En relación a las preguntas que la mayoría de libros de texto o guías para el profesorado proponen después de los textos de lectura, se deberá analizar si dichas preguntas pueden ser respondidas mediante la copia literal del texto o si, en mayor o menor grado, suponen una construcción del lector o lectora (respuesta del tipo: «piensa y busca» o «elaboración personal»).

## Ámbito de análisis en función de la atención a la diversidad

La atención a la diversidad del alumnado constituye una de las cuestiones clave en los planteamientos educativos que conciben la enseñanza como una manera de ayudar a que cada estudiante construya su aprendizaje personal de manera tal que este aprendizaje sea lo más significativo y funcional posible. Aunque los materiales estandarizados tienen dificultades para constituir medios especialmente facilitadores de dicha atención, hay que analizar si la permiten con más o menos facilidad y si sugieren posibilidades en este sentido. En concreto se sugiere analizar dos vertientes (las propuestas de actividades y las de evaluación) pero se podrían analizar también otras (intenciones educativas, secuenciación de contenidos).

### Presencia del concepto de atención a la diversidad en las propuestas de actividades

El análisis de las actividades propuestas en el material se puede plantear desde tres perspectivas:

- *Optatividad de las actividades:* existencia de diferentes posibilidades de actividades para el aprendizaje de un mismo contenido.
- *Adaptación de las actividades:* presencia de criterios y de propuestas para adaptar una misma actividad a diferentes niveles de realización.
- *Tipos de actividades:* existencia de propuestas de actividades de ampliación y de refuerzo.

### Presencia del concepto de atención a la diversidad en las propuestas de evaluación

En este aspecto se analizará si, en el material, se contemplan distintas posibilidades de evaluación y diferentes grados de adquisición de los objetivos propuestos. Por otra parte, es interesante analizar si las propuestas se centran en la realización de conductas muy concretas o si, por el contrario, se toma como referente una determinada capacidad cuya consecución puede conseguirse siguiendo caminos distintos.

## Ámbito de análisis en función de los aspectos formales

Este último ámbito o bloque se refiere a los aspectos formales. Estos aspectos no tienen importancia por sí mismos, sino en función de su adecuación a los ámbitos tratados anteriormente: las intenciones educativas, los requisitos para el aprendizaje y la atención a la diversidad. De todas maneras, se ha considerado más operativo incluir un ámbito de análisis específico dedicado a los aspectos formales donde se contemplan aquellos elementos que pueden considerarse importantes y que no han aparecido en los ámbitos anteriores, aunque lo podrían haber hecho. Los aspectos formales se han agrupado en un apartado amplio llamado *Diseño y maquetación* y en un apartado donde se han incluido aspectos diversos.

### Diseño y maquetación

Una cuestión previa a plantearse, antes de iniciar el análisis de los distintos elementos, es si el aspecto general del material es atractivo. Poder dar una respuesta afirmativa a esta cuestión es importante, ya que el atractivo del material constituye un prerequisito para facilitar el interés y la motivación por parte del alumnado e incluso por parte del profesorado.

Una vez salvado el prerequisito, se propone analizar los siguientes aspectos: formato y encuadernación, maquetación, legibilidad tipográfica, ilustraciones y tipo de impresión.

#### Formato y encuadernación

Desde el punto de vista del formato y del número de páginas, el material tiene que ser manejable, ni excesivamente voluminoso y/o pesado, ni excesivamente pequeño. Es preferible que, por sus dimensiones, pueda caber en el cajón de un pupitre, en la estantería de una biblioteca y en una cartera o bolsa escolar.

En lo que se refiere a la encuadernación, será preferible aquella que posibilite una mayor resistencia y duración, aunque en el análisis se deberá tener en cuenta el tipo y la función del material (libro, cuaderno fungible, etc.).

#### Maquetación

Se tendrá que analizar la cubierta y contracubierta, y el interior. En la cubierta, se podrá constatar si el título y los autores y autoras aparecen claramente especificados y si el título es coherente con el contenido del material. Asimismo, deberían existir marcas tipográficas que ayudasen a su clara identificación.

Respecto al interior se analizará la visualización de las jerarquías o diagramación (distribución de los elementos en cada página coherente con su importancia). La diagramación tendría que ser coherente con los siguientes aspectos:

- El ojo humano occidental recorre la página impresa de arriba hacia abajo y de izquierda a derecha.
- Lo más importante tiene que encontrarse resaltado tipográficamente.
- Destacar algo puede conseguirse usando un cuerpo (medida) de letra más grande, negrilla, etc.
- También influye el contraste entre el bloque tipográfico y los espacios en blanco de su entorno.
- De todas maneras, no debe darse un exceso de variedad tipográfica en una misma página, ya que la capacidad de discriminación del ojo humano es limitada.
- En todo caso, es imprescindible una clasificación lógica del texto en la cual se distinga rápidamente qué está subordinado a qué.

**Legibilidad tipográfica**

Se pueden analizar las características de la letra y el papel y color de impresión.

La medida de la letra tiene que ser adecuada. Se da una relación inversa entre la edad del lector o lectora y la medida o cuerpo de la letra: cuanto más joven es el lector, mayor tiene que ser la dimensión de los caracteres. En los primeros grados de educación primaria es recomendable que se combinen diversos tipos de letra en los textos.

El papel no debería ser demasiado transparente ni brillante, ya que dificulta la visión. Es importante el contraste entre el color del texto y el del papel: los textos impresos en negro sobre blanco son los más legibles. Cuando se trata de cuadernos en los cuales el alumnado tiene que escribir, se debe analizar si el papel permite el uso de los tipos de lápiz, bolígrafos, plumas y rotuladores más comúnmente utilizados. El papel más satinado o poroso dificulta la escritura y el dibujo.

**Ilustraciones y tipo de impresión**

En el presente modelo, como ilustraciones se incluye todo tipo de imágenes gráficas: fotografías, dibujos artísticos, esquemas, etc. Las ilustraciones no deben resultar gratuitas, sino que deben ser coherentes con el texto al que acompañan, ayudando a clarificar las ideas importantes, constituyendo un binomio armónico *texto-imagen*. Las ilustraciones más importantes han de encontrarse destacadas. Hay que tener en cuenta que la fuerza de atracción de una ilustración es generalmente proporcional a sus dimensiones y al número de colores utilizado; también influye el entorno que la envuelve.

En los primeros grados o cursos de la educación primaria, los dibujos informativos deberían ser (contrariamente a lo que sucede a menudo) lo más realistas posible; en algunos casos los dibujos serán la única información visual que podrá tener el niño o la niña del objeto, animal o planta. La tendencia a utilizar dibujos estereotipados, con la pretensión de acercarse al tipo de dibujo realizado por los niños y niñas, no es adecuada cuando lo que se pretende es ofrecer datos y características que ayuden a comprender situaciones o fenómenos reales. Por el contrario, cuando las ilustraciones acompañan a textos literarios, y su función ya no es informativa, no es necesario que las características del dibujo se limiten al estilo realista.

También se debería analizar si el material proporciona referencias de las ilustraciones: tema (si no es evidente), lugar, fecha (en el caso de un documento no contemporáneo), etc., en el caso de que, por el tipo de material, sea adecuado.

En lo que se refiere a la impresión, ésta puede ser:

- En colores llamados naturales (negro y los tres colores primarios: amarillo, rojo y azul): cuatricomía.
- En dos colores.
- En un solo color.

El análisis de la adecuación del tipo de impresión deberá realizarse en función del tipo de material. En algunos casos, el uso del color será imprescindible: cuando tenga que servir para aportar información, como por ejemplo en el caso de ilustraciones de plantas, animales, esquemas complejos, obras de arte, etc. En otros casos, el uso indiscriminado del color sólo servirá para incrementar el precio de venta del material.

## Otros aspectos

Se propone fijarse en el índice, la bibliografía y documentación, y el precio del material.

Se tendría que analizar si existe un buen índice y si se encuentra bien ubicado. Aparte de un índice general pueden existir también otros tipos de índice: de ilustraciones, temáticos... Estos índices ayudarían a la manejabilidad del material.

Por otra parte, se tendrá que considerar positivo que en el material se incluya bibliografía de fundamentación y apoyo, así como otra documentación complementaria, tal como glosario, videografía, etc. El análisis de la bibliografía puede tener en cuenta si se incluyen referencias de libros y/o de artículos útiles para comprender el enfoque que los autores y autoras han dado al proyecto y si se incluyen referencias de tipo práctico que puedan ayudar al profesorado a planificar y a llevar a término su intervención en el aula. Es preferible que las referencias sean asequibles al profesorado destinatario y que no sean excesivas.

El precio del material es otro factor importante. Este precio debe analizarse en relación a los aspectos formales (papel, ilustraciones, tipo de impresión), a su ámbito o destinatarios potenciales (atendiendo al idioma, por ejemplo), a si se trata de una traducción o adaptación o de un material elaborado exprofeso, y en relación al precio del materiales semejantes de otras editoriales.

# 7

# Propuesta de un instrumento para el análisis de libros de texto y otros materiales que utilizan el papel como soporte

El instrumento para el análisis y evaluación de materiales curriculares que se presenta en las páginas siguientes, toma como punto de partida los criterios y los ítem de cada uno de los ámbitos de análisis expuestos en el capítulo anterior. En primer lugar se señalan las características a las cuales pretende responder el instrumento; a continuación se incluye el instrumento de análisis: una parrilla con una serie de cuestiones referidas a cada uno de los ámbitos indicados y un apartado de valoración global del material analizado.

## Características del instrumento de análisis

Para facilitar al profesorado la tarea de analizar y evaluar materiales curriculares editados en soporte papel se ha diseñado un instrumento que responde a las siguientes características:

- Permite el análisis de todos y cada uno de los elementos expuestos en el capítulo anterior.
- Es de uso relativamente fácil y no pormenorizado en un grado excesivo pero, a la vez, riguroso y coherente con la complejidad que es inherente al análisis de materiales.
- Permite dos niveles de análisis según el grado de profundización que se desee. Esta doble posibilidad comporta una mayor flexibilidad de uso. Así, por ejemplo, el nivel básico puede servir para ayudar a seleccionar materiales y, una vez realizada esa selección, los materiales escogidos pueden analizarse más profundamente para establecer criterios de uso.

- Es posible el análisis de algún componente (intenciones, atención a la diversidad, etc.) con independencia de los demás y, asimismo, en relación con los otros componentes, según los intereses. De todas maneras, el modelo está pensado para un análisis completo del material.
- A partir del análisis de los distintos aspectos, se facilita el llegar a conclusiones y valoraciones sobre lo que está resuelto en el material y sobre lo que no lo está; y sobre para qué es adecuado el material y para qué no lo es.
- Se trata de un instrumento de análisis cualitativo aunque, para simplificar su uso, se cuenta con la ayuda de una escala valorativa simple. En todo caso, si se desease reconvertir el instrumento en cuantitativo, se podría ponderar el valor de cada ítem y sumar o multiplicar el valor asignado por la puntuación otorgada al ítem.
- Está diseñado de manera que es relativamente fácil y rápido extraer conclusiones globales.

Evidentemente, el instrumento propuesto no es, ni mucho menos, el único posible, ni siquiera partiendo de los mismos ítem tratados en el capítulo anterior. Se trata, eso sí, de un instrumento validado en una investigación realizada por su autor en la cual se analizaron 83 materiales. En todo caso, el profesorado que lo utilice lo deberá contextualizar a la realidad de su centro y a las peculiaridades específicas del material a analizar.

## Parrilla de análisis

El instrumento (parrilla) de análisis consiste en una serie de cuestiones, planteadas en forma de afirmaciones, respecto a las que se debe valorar el grado de certeza o falsedad en el caso del material que se analice. Para cada afirmación se puede optar entre tres posibilidades (0,1,2) según la afirmación se considere menos o más cierta. La valoración global de cada ámbito puede quedar reflejada de dos maneras:

- Mediante una gráfica: después de señalar una de las opciones en cada afirmación (por ejemplo, rodeando en cada caso la opción adecuada), se pueden unir las distintas opciones escogidas (los círculos) mediante una línea recta, con lo cual se obtendrá una visión gráfica y rápida del análisis realizado en cada uno de los ámbitos.
- Mediante la descripción global que se conseguirá completando las afirmaciones que se encuentran recuadradas al final de cada ámbito.

En la última parte del instrumento, es posible realizar una descripción valorativa global del material analizado que facilita llegar a conclusiones sobre para qué sirve y para qué no sirve el material.

El primer apartado (ámbito descriptivo) tiene unas características específicas ya que su función no es ayudar a valorar el material sino a describir sus características básicas.

El instrumento debe aplicarse a un material curricular concreto, aunque la guía, libro o material del profesorado, debe analizarse conjuntamente con el material del alumnado con el cual se relaciona ya que, en realidad, deberían constituir un conjunto indisociable. En el caso de analizar un material que forme parte de un paquete curricular se deberá analizar el material específico pero, después, será necesario establecer complementaciones con los otros materiales del paquete.

Cuando se trata de analizar un aspecto (como por ejemplo las secuencias de actividades de cada unidad didáctica) que requiere seleccionar una muestra para el análisis (en el caso del ejemplo: algunas secuencias de actividades) esta selección se debe hacer al azar. En todo caso, es recomendable analizar, como mínimo, un 25% del total.

El instrumento de análisis se encuentra estructurado de la siguiente manera:

- Fecha y referencia editorial
- Ámbito descriptivo:
  - Intenciones y ámbito de aplicación
  - Componentes
  - Organización de los contenidos
  - Tipo de material
  - Lengua del material
  - Organización didáctica: apartados
  - Materiales complementarios necesarios
  - Descripción global
- Ámbito de análisis en función de las intenciones educativas:
  - Objetivos
  - Contenidos
  - Actividades
  - Evaluación
  - Temas o ejes transversales del currículum
  - Justificación
  - Descripción global
- Ámbito de análisis en función de los requisitos para el aprendizaje:
  - Materiales informativos o de consulta
  - Materiales con propuestas de actividades
  - Materiales de lectura
  - Descripción global
- Ámbito de análisis en función de la atención a la diversidad:
  - Actividades
  - Evaluación
  - Descripción global
- Ámbito de análisis en función de los aspectos formales:
  - Diseño y maquetación
  - Otros aspectos
  - Descripción global
- Valoración global del material analizado

## Fecha y referencia editorial del material a analizar

Fecha del análisis:.......... de.............................................de.........

**Material objeto de análisis**

Autoría: ...........................................................................................................................

Título: .............................................................................................................................

Subtítulo (si existe): ..................................................................................................

.........................................................................................................................................

Editorial: ........................................................................................................................

Localidad de edición: .................................................................................................

Número de edición: ....................................................................... Año:.....................

Colección (si forma parte de alguna): ......................................................................

.........................................................................................................................................

Otros datos de interés: ..............................................................................................

.........................................................................................................................................

**Material dirigido al profesorado**

(en el caso de material complementario que se deba analizar conjuntamente con el material dirigido al alumnado)

Autoría: ...........................................................................................................................

Título: .............................................................................................................................

Subtítulo (si existe): ..................................................................................................

Otros datos de interés: ..............................................................................................

Observaciones

## Ámbito descriptivo[4]

En cada apartado debe señalarse la afirmación correcta.

### Intenciones y ámbito de aplicación

(Para completar este apartado, consúltense los objetivos que se especifican en el material)

a) El material a analizar
- ☐ Pretende ser autosuficiente
- ☐ Forma parte de un paquete curricular
- ☐ Es un material complementario

b) Desarrolla objetivos y contenidos
- ☐ De un solo grado o curso: el de ..........................................................................(especificarlo)
- ☐ De un ciclo: ..........................................................................( especificarlo)

c) Desarrolla objetivos y contenidos
- ☐ De una sola asignatura o área curricular: ..........................................................................
..........................................................................(especificarla)
- ☐ De diversas asignaturas o áreas: ..........................................................................
..........................................................................(especificarlas)

Observaciones

### Componentes

a) El material del alumnado está constituido
- ☐ Por un solo componente ..........................................................................
- ☐ Por diversos componentes: ..........................................................................(especificarlos)

b) Existe material dirigido al profesorado aparte del material dirigido al alumnado
- ☐ Sí
- ☐ No

c) En el análisis
- ☐ Se deberán relacionar distintos componentes
- ☐ No se tendrán que relacionar distintos componentes

Observaciones

4. Este ámbito se corresponde con el del mismo título del capítulo 6.

## Organización de los contenidos

a) Los contenidos que desarrolla el material
☐ Se han organizado sin relaciones entre las áreas
☐ Se han organizado con relaciones entre las áreas
☐ Se presentan con una programación globalizada

Observaciones

## Tipo de material

a) El material es
☐ De consulta o de información
☐ De propuestas de actividades
☐ De lectura
☐ Mixto: ..............................................................................................(especificarlo)

a.1) En el caso de que el material sea de información y de actividades, el esquema que sigue cada tema o unidad didáctica es
☐ Información + actividades al final del tema o de la unidad
☐ Información + actividad o actividades + información + actividad o actividades + ...
☐ Actividad o actividades + información + actividad o actividades + información + ...
☐ Otro esquema: ..............................................................................................(especificarlo)

b) Se trata de un material
☐ Fungible
☐ No fungible

c) El uso del material por parte del alumnado se pretende que sea
☐ Individual
☐ Colectivo

d) El material
☐ Es para uso exclusivo del alumnado
☐ Es para uso mixto del alumnado y del profesorado (con una parte específica para éste)
☐ Está constituido por dos o más componentes separados: uno o unos para uso del alumnado y otro u otros para uso del profesorado

Observaciones

## Lengua del material

a) El material está escrito en: ........................................................................(especificarlo)

Observaciones

## Organización didáctica: apartados

a) El material está estructurado en

☐ Unidades o temas

☐ Otro tipo de apartados: ..........................................................................................

..............................................................................................................(especificarlo)

☐ No se diferencian apartados

Observaciones

## Material complementario necesario

(En el caso de materiales que proponen actividades)

a) En el material que se analiza

☐ Toda la información para realizar las actividades se encuentra en el texto y, por lo tanto, el alumnado no necesita ningún otro material

☐ En el material se sugieren posibilidades de ampliación consistentes en la consulta o el trabajo con otros materiales

☐ En el material se propone recurrir a otros materiales

a.1) En caso que sea necesario recurrir a otros materiales, éstos

☐ Forman parte del paquete curricular de la editorial

☐ No forman parte del paquete curricular de la editorial

Observaciones

**Ámbito descriptivo. descripción global**

(Entre paréntesis se indica la respuesta que se puede consultar en cada caso, de entre las dadas en este ámbito.)

El material curricular objeto de análisis, que ...................................................................................................................................................................(Aa),[5]
desarrolla objetivos y contenidos de...................................................................(Ab)[6]
y de ...................................................................................................................................................................(Ac).

Está constituido por.......................................................................................................................................................................................................................(Ba y Bb) y en el análisis ..........................................................................(Bc) distintos componentes.

Los contenidos ..........................................................................................................................................................................................................................(Ca).

Se trata de un material ...............................................................(Da); ...............................................(Db);
que está pensado para ser usado ...................................................................
(Dc) ...................................................................................................
y que ..................................................................................................................................................(Dd) material
para el profesorado. Está escrito en.........................................................(Ea)
y organizado en ...........................................................................(Fa).

(Sólo en el caso que el material incluya información y propuestas de actividades)

El esquema que sigue cada tema o unidad didáctica es el siguiente: ...................................................................................................................(Da1).

Se trata de un material que ................................................................................................................................(Ga y Ga1).

5. Para rellenar el espacio vacío debe consultarse el apartado indicado entre paréntesis, en este caso el apartado Aa. Por lo tanto, en el espacio vacío se deberá poner: «pretende ser autosuficiente» o «forma parte de un paquete curricular» o «es un material complementario».

6. Aquí, en el espacio vacío, deberá ponerse: «de ..........................curso» (el que corresponda) o bien «de ......................ciclo» (el que corresponda). En los espacios siguientes se debe proceder de la misma manera.

## Ámbito de análisis en función de las intenciones educativas[7]

Una vez descritas las características básicas del material a analizar, se puede entrar en el análisis propiamente dicho. Ante cada una de las afirmaciones de la parrilla puede optarse por una de las siguientes posibilidades:

0= No; en absoluto. No consta.

1= Bastante; en gran medida; casi se podría decir que sí.

2= Sí; totalmente.

El signo adecuado (0,1,2) debe marcarse en cada caso, por ejemplo rodeándolo con un círculo. Si, atendiendo al tipo de material, una afirmación no es pertinente, se puede señalar con un guión (-).

Las afirmaciones encabezadas por una letra minúscula corresponden al nivel de análisis básico del material. El recuadro de descripción o de visión global situado al final de cada ámbito se corresponde con este nivel de análisis.

Para proceder a un análisis más pormenorizado o profundo, debe completarse el anterior con las afirmaciones encabezadas por una letra minúscula seguida de un dígito.

Así, por ejemplo: en el primer aspecto, el análisis puede referirse a la cuestión *a* (sobre si los objetivos generales especificados en el material se corresponden con los objetivos generales de los proyectos del centro), pero también se puede pretender un nivel de profundización mayor; en este caso se planteará la cuestión *a1*, que no se limita a correlacionar los objetivos del material con los del centro, sino que, además, se pregunta sobre si se incluyen todos los objetivos que se deberían incluir.

7. Este ámbito se corresponde con el del mismo apartado del capítulo 6.

| | CUESTIONES A ANALIZAR | VALORACIÓN | OBSERVACIONES |
|---|---|---|---|
| A. OBJETIVOS | a) Los objetivos generales especificados en el material se corresponden con los objetivos generales establecidos en el Proyecto Educativo y/o Curricular del propio centro. | 0 1 2 | |
| | a.1) Se incluyen todos los objetivos generales que, según las intenciones y el ámbito de aplicación del material (ver apartado...), se deberían incluir. | 0 1 2 | |
| | b) Los objetivos didácticos especificados en el material son adecuados a la edad del alumnado. | 0 1 2 | |
| | c) Los objetivos didácticos son coherentes entre sí. | 0 1 2 | |
| A. CONTENIDOS | a) En el material se diferencia explícitamente entre distintos tipos de contenidos (conceptuales, procedimentales, actitudinales). | 0 1 2 | |
| | a.1) Se diferencia explícitamente entre distintos tipos de contenidos conceptuales (hechos, conceptos...). | 0 1 2 | |
| | a.2) Se diferencia explícitamente entre distintos tipos de contenidos procedimentales. | 0 1 2 | |
| | a.3) Se diferencia explícitamente entre distintos tipos de contenidos actitudinales (actitudes, valores, normas de comportamiento). | 0 1 2 | |
| | b) Los contenidos indicados en el material se corresponden con los objetivos generales especificados en el mismo material. | 0 1 2 | |

| | CUESTIONES A ANALIZAR | VALORACIÓN | OBSERVACIONES |
|---|---|---|---|
| B. CONTENIDOS | b.1) Los contenidos conceptuales indicados en el material se corresponden con los objetivos generales especificados en el mismo material. | 0 1 2 | |
| | b.2) Los contenidos procedimentales indicados en el material se corresponden con los objetivos generales especificados en el mismo material. | 0 1 2 | |
| | b.3) Los contenidos actitudinales indicados en el material se corresponden con los objetivos generales especificados en el mismo material. | 0 1 2 | |
| | c) Los contenidos se interrelacionan entre sí. | 0 1 2 | |
| | c.1) Existe una buena interrelación entre contenidos del mismo tipo, la cual se manifiesta mediante una tabla, un mapa conceptual... | 0 1 2 | |
| | c.2) Existe una buena interrelación entre contenidos de diferente tipo, la cual se manifiesta mediante una tabla, un mapa conceptual... | 0 1 2 | |
| | d) Se da una proporción coherente entre los distintos tipos de contenidos. | 0 1 2 | |
| | d.1) Se da una proporción coherente entre hechos y otros contenidos conceptuales. | 0 1 2 | |
| | e) El material es adecuado para el aprendizaje de los contenidos procedimentales especificados. | 0 1 2 | |
| | f) El material es adecuado para el aprendizaje de los contenidos actitudinales especificados. | 0 1 2 | |

| CUESTIONES A ANALIZAR | VALORACIÓN | OBSERVACIONES |
|---|---|---|
| g) Los contenidos que desarrolla el material son rigurosos y se encuentran actualizados. | 0 1 2 | |
| h) (MATERIALES DE LECTURA) Se combinan realidades diversas: próximas y lejanas, reales e imaginarias... | 0 1 2 | |
| i) (MATERIALES DE LECTURA) Existe una adecuada diversidad textual. | 0 1 2 | |
| j) (MATERIALES DE LECTURA) Los textos se ajustan suficientemente a las «estructuras canónicas». | 0 1 2 | |
| k) En general, los contenidos desarrollados en el material se corresponden con los contenidos recogidos en el proyecto curricular del centro. | 0 1 2 | |
| k.1) (Sólo si en el proyecto curricular del centro se especifican objetivos terminales y/o referenciales.) Existe una correspondencia entre los objetivos terminales y/o referenciales del centro y los desarrollados en el material (o los contenidos). | 0 1 2 | |
| l) En general, los contenidos que se desarrollan en el material son coherentes con el entorno donde se encuentra ubicado el centro. | 0 1 2 | |
| l.1) Se incluyen todos aquellos contenidos que, atendiendo a las intenciones y al ámbito de aplicación del material se deberían incluir. | 0 1 2 | |
| m) (CONCLUSIONES) En el material se encuentran todos los contenidos necesarios para la consecución de los objetivos definidos. | 0 1 2 | |

B. CONTENIDOS

| | CUESTIONES A ANALIZAR | VALORACIÓN | OBSERVACIONES |
|---|---|---|---|
| B. CONTENIDOS | n) (CONCLUSIONES) Con los contenidos desarrollados en el material es de prever que se conseguirán los objetivos. | 0 1 2 | |
| B. CONTENIDOS | (*En caso de que los contenidos desarrollados en el material no se consideren adecuados para la consecución de los objetivos*). Los contenidos desarrollados en el material son adecuados para: ............................................................ ............................................................ ............................................................ ............................................................(Especificarlo) | | |
| C. ACTIVIDADES | (Sólo si en el material se proponen actividades) | | |
| C. ACTIVIDADES | a) Las actividades propuestas se corresponden con los objetivos y contenidos definidos en el material. | 0 1 2 | |
| C. ACTIVIDADES | b) Para cada objetivo y para cada contenido se preven las actividades necesarias para facilitar su aprendizaje (según las intenciones y el ámbito de aplicación del material). | 0 1 2 | |
| C. ACTIVIDADES | c) Las actividades propuestas son en general adecuadas para la consecución de los objetivos definidos en el material. | 0 1 2 | |
| C. ACTIVIDADES | c.1) Para el aprendizaje de cada contenido, se da una adecuada progresión de las actividades. | 0 1 2 | |
| D. EVALUACIÓN | a) Las propuestas de evaluación incluidas en el material se encuentran en función de los objetivos especificados en el mismo. | 0 1 2 | |
| D. EVALUACIÓN | b) Las propuestas de evaluación se refieren a los distintos tipos de contenidos que se pretenden enseñar. | 0 1 2 | |

| | CUESTIONES A ANALIZAR | VALORACIÓN | OBSERVACIONES |
| --- | --- | --- | --- |
| D. EVALUACIÓN | c) En general, los criterios de evaluación son coherentes con los criterios recogidos en el proyecto curricular del centro. | 0 1 2 | |
| E. TEMAS O EJES TRANSVERSALES | a) En el material se plantean explícitamente objetivos y/o contenidos correspondientes a ejes transversales del currículum. | 0 1 2 | |
| | b) (*En caso de que el material incluya propuestas de actividades.*) Se proponen las actividades necesarias para facilitar el aprendizaje de los contenidos correspondientes a ejes transversales (según las intenciones y el ámbito de aplicación del material). | 0 1 2 | |
| | c) (*En caso de que el material incluya propuestas de evaluación.*) Se proponen actividades para evaluar el proceso de aprendizaje de objetivos correspondientes a ejes transversales. | 0 1 2 | |
| | d) Las ilustraciones son coherentes con los objetivos de ejes transversales especificados en el material. | 0 1 2 | |
| | e) Las ilustraciones son coherentes con los valores asumidos en el proyecto educativo y/o curricular del centro. | 0 1 2 | |
| | f) El tono, las afirmaciones y los ejemplos del texto son coherentes con los objetivos de ejes transversales especificados en el material. | 0 1 2 | |
| | g) El tono, las afirmaciones y los ejemplos del texto son coherentes con los valores asumidos en el proyecto educativo y/o curricular del centro. | 0 1 2 | |

| | CUESTIONES A ANALIZAR | VALORACIÓN | OBSERVACIONES |
|---|---|---|---|
| E. TEMAS O EJES TRANSVERSALES | h) (*En caso de que el material incluya propuestas de actividades.*) Las actividades propuestas son coherentes con los objetivos de ejes transversales especificados en el material. | 0 1 2 | |
| | i) Las actividades propuestas son coherentes con los valores asumidos en el proyecto educativo y/o curricular del centro. | 0 1 2 | |
| F. JUSTIFICACIÓN | a) Las opciones tomadas en el material se encuentran explícitamente justificadas. | 0 1 2 | |

## G. Ámbito de análisis en función de las intenciones educativas. Descripción global

(Entre paréntesis se indica la respuesta que se puede consultar en cada caso, de entre las que se han dado dentro de este ámbito.)

En el material analizado, los objetivos generales..................................................................................(Aa) con los objetivos generales establecidos en el proyecto del centro. Los objetivos didác-ticos (Ab) a la edad del alumnado y..................................................................................(Ac) entre sí.

En el material..................................................(Ba) explícitamente entre diferentes tipos de contenidos y..................................................................................(Bd) una proporción coherente entre los diferentes tipos. Estos contenidos ..................................................................................(Bb) con los objetivos especificados en el propio material y ..................................................................................(Bc) suficientemente entre sí. Los contenidos desarrollados..................................................................................(Bg) adecuados en lo que se refiere a su rigurosidad y actualización. El material..................................................................................(Be) para el aprendizaje de los contenidos procedimentales especificados y ..................................................................................(Bf) para el aprendizaje de los contenidos actitudinales.

(Si se analiza un material de lectura.)

..................................................................................(Bh) realidades diversas, ..................................................................................(Bi) una adecuada diversidad textual y los textos..................................................................................(Bj) suficientemente a las «estructuras canónicas».

En general, los contenidos..................................................................................(Bk) con los contenidos definidos en el proyecto curricular del centro y ..................................................................................(Bl) con el entorno. Conclusión:..................................................................................(Bm) todos los contenidos necesarios para la consecución de los objetivos; es de prever que con los contenidos desarrollados en el material ..................................................................................(Bn) los objetivos.

(Si se analiza un material que incluye propuestas de actividades.)

Las actividades..................................................................................(Ca) con los ..................................................................................objetivos y contenidos; para cada objetivo y contenido ..................................................................................(Cb) las actividades necesarias para facilitar su aprendizaje. Las actividades propuestas..................................................................................(Cc) en general adecuadas para conseguir los objetivos.

En general, los criterios de evaluación ..................................................................................(Dc) con los criterios establecidos en el proyecto curricular del centro y las propuestas de actividades de evaluación ..........................................................................................

..........................................................................................

..........................................................................................(Da) de los objetivos y ..........................................................................................(Db) a los distintos tipos de contenidos.

En el material ..........................................................................................(Ea) explícitamente objetivos y/o contenidos correspondientes a ejes transversales. Las ilustraciones ..........................................................................................(Ed y Ee); el tono, las afirmaciones y los ejemplos del texto .......................................................................................... ..........................................................................................(Ef y Eg).

(En el caso de que en el material se incluyan propuestas de evaluación)

..........................................................................................

(Ec) propuestas para evaluar el proceso de aprendizaje en el ámbito de los ejes transversales.

(Si el material incluye propuestas de actividades)

En el material ..........................................................................................(Eh) las actividades necesarias para facilitar el aprendizaje de objetivos correspondientes a ejes transversales y estas actividades.......................................................................................... ..........................................................................................(Ei).

Las diferentes opciones tomadas en el material.......................................................................................... ..........................................................................................(Fa) explícitamente justificadas.

## H. Conclusiones del análisis en función de las intenciones educativas[8]

El material analizado en función de las intenciones educativas se considera ..........................................................................................

..........................................................................................

..........................................................................................

..........................................................................................

..........................................................................................

..........................................................................................

..........................................................................................

..........................................................................................

..........................................................................................

8. En el caso de analizar materiales curriculares descontextualizados (algunos cuadernos de ejercitación, por ejemplo) que no permiten responder a casi ninguna cuestión respecto a las intenciones, esta circunstancia deberá especificarse en las conclusiones.

## Ámbito de análisis en función de los requisitos para el aprendizaje[9]

| | CUESTIONES A ANALIZAR | VALORACIÓN | OBSERVACIONES |
|---|---|---|---|
| A. MATERIALES INFORMATIVOS O DE CONSULTA | a) Adecuación del nivel lingüístico: es adecuado a la edad del alumnado. | 0 1 2 | |
| | a.1) Adecuación del nivel lingüístico: las dificultades de vocabulario se pueden resolver con el propio material. | 0 1 2 | |
| | a.2) Adecuación del nivel lingüístico: las frases no son excesivamente largas ni rebuscadas. | 0 1 2 | |
| | b) Densidad informativa: es adecuada. | 0 1 2 | |
| | c) Carácter dogmático/abierto: se da una visión abierta, no dogmática, de la realidad. | 0 1 2 | |
| | d) Secuencias de lectura: existen introducciones y organizadores previos que pretenden facilitar la conexión de los nuevos contenidos con los aprendizajes previos de cada alumno y alumna. | 0 1 2 | |
| | e) Secuencias de lectura: hay elementos facilitadores de la motivación. | 0 1 2 | |
| | f) Secuencias de lectura: se facilitan diversos grados de lectura. | 0 1 2 | |
| | g) Secuencias de lectura: existen síntesis y resúmenes. | 0 1 2 | |
| | g.1) Las síntesis y los resúmenes facilitan realmente la comprensión de los aspectos esenciales del texto. | 0 1 2 | |

9. Este ámbito se corresponde con el del mismo título del capítulo 6.

| CUESTIONES A ANALIZAR | VALORACIÓN | OBSERVACIONES |
|---|---|---|
| B. MATERIALES CON PROPUESTAS DE ACTIVIDADES | | |
| a) Secuencias de actividades: se proponen actividades o se sugieren pautas para la evaluación inicial. | 0 1 2 | |
| b) Secuencias de actividades: existen actividades que pretenden promover la motivación y ayudar a conectar con la realidad. | 0 1 2 | |
| b.1) Secuencias de actividades: las actividades de motivación propuestas ayudan a que el alumnado valore positivamente el tema a estudiar y/o la tarea a realizar y le ayudan también a crear expectativas positivas. | 0 1 2 | |
| c) Secuencias de actividades: se plantean interrogantes. | 0 1 2 | |
| c.1) Secuencias de actividades: los interrogantes planteados ayudan a crear verdaderamente conflictos cognitivos. | 0 1 2 | |
| d) Secuencias de actividades: se proponen actividades de búsqueda de información. | 0 1 2 | |
| d.1) Secuencias de actividades: se proponen también otros tipos de actividades de elaboración y de construcción de significados. | 0 1 2 | |
| e) Secuencias de actividades: se proponen actividades de descontextualización y de aplicación. | 0 1 2 | |
| f) Secuencias de actividades: se proponen actividades de memorización y/o de ejercitación comprensiva. | 0 1 2 | |
| f.1) Secuencias de actividades: las actividades de memorización y/o de ejercitación propuestas son suficientes para posibilitar el aprendizaje de los contenidos especificados. | 012 | |

| | CUESTIONES A ANALIZAR | VALORACIÓN | OBSERVACIONES |
|---|---|---|---|
| B. MATERIALES CON PROPUESTAS DE ACTIVIDADES | g) Secuencias de actividades: existen actividades de síntesis. | 0 1 2 | |
| | h) Secuencias de actividades: se proponen actividades y/o se sugieren pautas para la evaluación formativa. | 0 1 2 | |
| | i) Secuencias de actividades: se proponen actividades y/o se proponen pautas para la evaluación sumativa. | 0 1 2 | |
| | l.1) Se proponen pautas para la evaluación del profesorado y del currículum. | 0 1 2 | |
| | j) Carácter individual o grupal de las actividades: se da un equilibrio entre las actividades individuales y las actividades para realizar en grupo. | 0 1 2 | |
| | j.1) Carácter individual o grupal de las actividades: se da una adecuación entre el tipo de actividad (individual o grupal) y las características de los contenidos a aprender. | 0 1 2 | |
| | k) Criterios de organización del aula: en el material se proponen criterios de organización del aula. | 0 1 2 | |
| | k.1) Criterios de organización del aula: los criterios que se especifican responden a una concepción del aula como un ambiente de aprendizaje, en el cual las diversas variables se encuentran interrelacionadas. | 0 1 2 | |
| C. MATERIALES DE LECTURA | a) Estructura: los textos son desconocidos para el lector o lectora, pero de fácil acceso (o bien se intercalan con textos conocidos en el caso de alumnado de los primeros grados de educación primaria). | 0 1 2 | |

C. MATERIALES DE LECTURA

| CUESTIONES A ANALIZAR | VALORACIÓN | OBSERVACIONES |
|---|---|---|
| b) Estructura: existe algún tipo de hilo conductor. | 0 1 2 | |
| c) Estructura: se utilizan correctamente marcas tipográficas. | 0 1 2 | |
| d) Estructura: existen introducciones adecuadas. | 0 1 2 | |
| e) Estructura: existen resúmenes adecuados. | 0 1 2 | |
| f) Estructura: la longitud de los textos es adecuada. | 0 1 2 | |
| g) Léxico: las dificultades léxicas pueden resolverse en el propio material. | 0 1 2 | |
| h) Léxico: no se da un exceso de dificultades léxicas. | 0 1 2 | |
| i) Secuencias de actividades: el material propone actividades de lectura diversificada. | 0 1 2 | |
| j) Secuencias de actividades: existen actividades de lectura guiada y/o orientada. | 0 1 2 | |
| k) Secuencias de actividades: existen actividades de lectura independiente. | 0 1 2 | |
| l) Secuencias de actividades: el material propone actividades que obligan a establecer inferencias, a utilizar el contexto... | 0 1 2 | |
| m) Secuencias de actividades: el material propone actividades para realizar antes, durante y después de la lectura. | 0 1 2 | |
| m.1) Secuencias de actividades: las actividades propuestas para realizar antes, durante y después de la lectura son adecuadas y diversificadas. | 0 1 2 | |

**D. Ámbito de análisis en función de los requisitos para el aprendizaje. Descripción global**

(Entre paréntesis se indica la respuesta que se puede consultar en cada caso, de entre las que se han dado dentro de este ámbito.)

**Materiales informativos o de consulta**

En general, en el material analizado, el nivel lingüístico ........................................................................................................................(Aa), la densidad informativa ........................................................................................................................(Ab) y la visión que se da de la realidad es..........................................(Ac).

En las secuencias de lectura, ........................................................................................................................(Ad), ........................................................................................................................(Ae), ........................................................................................................................(Ag) y........................................................................................................................ (Af) diversos grados de lectura.

**Materiales con propuestas de actividades**

En general, en las secuencias de actividades del material analizado ........................................................................................................................(Ba) para la evaluación inicial, ........................................................................................................................(Bb) para promover la motivación y ayudar a conectar con la realidad, ........................................................................................................................(Bc) interrogantes, ........................................................................................................................(Bd) actividades de búsqueda de información, ........................................................................................................................(Be) de descontextualización y de aplicación, ........................................................................................................................(Bf) de memorización y/o de ejercitación, ........................................................................................................................(Bg) de síntesis y........................................................................................................................(Bh) para la evaluación formativa y ........................................................(Bi) para la evaluación sumativa.

Respecto al carácter individual o grupal de las actividades ........................................................................................................................(Bj) y........................................................................................................................(Bk) criterios de organización del aula.

**Materiales de lectura**

En los aspectos estructurales: ........................................................................................................................ ........................................................................................................................ ........................................................................................................................ ........................................................................................................................ ........................................................................................................................(Ca, Cb, Cc, Cd, Ce, Cf).

Respecto al léxico: ......................................................................................................................
..................................................................................................................................................
..................................................................................................................................................
.......................................................................................................................................(Cg, Ch).

En lo que se refiere a las secuencias de actividades: ......................................................................
..................................................................................................................................................
..................................................................................................................................................
..................................................................................................................................................
...................................................................................................................(Ci, Cj, Ck, Cl, Cm).

## E. Conclusiones del análisis en función de los requisitos para el aprendizaje

El material analizado en función de los requisitos para el aprendizaje se considera ..................
..................................................................................................................................................
..................................................................................................................................................
..................................................................................................................................................
..................................................................................................................................................
..................................................................................................................................................
..................................................................................................................................................

## Ámbito de análisis en función de la atención a la diversidad[10]

| | CUESTIONES A ANALIZAR | VALORACIÓN | OBSERVACIONES |
|---|---|---|---|
| A. ACTIVIDADES | a) En ocasiones, para el aprendizaje de un mismo contenido se proponen distintas posibilidades de actividades. | 0 1 2 | |
| | b) Se explicitan distintos niveles de realización de las actividades. | 0 1 2 | |
| | c) Se proponen actividades de ampliación. | 0 1 2 | |
| | d) Se proponen actividades de refuerzo. | 0 1 2 | |
| B. EVALUACIÓN | a) En el apartado de evaluación se contemplan diversos niveles de realización de las actividades | 0 1 2 | |
| | b) Las propuestas de evaluación toman como referente las capacidades a adquirir sin centrarse en la realización de conductas muy concretas | 0 1 2 | |

**C. Ámbito de análisis en función de la atención a la diversidad. Descripción global**

(Entre paréntesis se indica la respuesta que se puede consultar en cada caso, de entre las que se han dado dentro de este ámbito.)

| |
|---|
| En el material analizado, en lo que se refiere a las actividades propuestas ............................................................................................................................................................................................................................................................................................................................................................(Aa, Ab, Ac, Ad) para ser coherentes con la atención a la diversidad del alumnado.<br>Las propuestas de evaluación..........................................................................................................................................................................................................................(Ba, Bb). |

10. Este ámbito se corresponde con el del mismo título del capítulo 6.

### D. Conclusiones del análisis en función de la atención a la diversidad

| |
|---|
| El material analizado en función de la atención a la diversidad se considera................................ |
| ........................................................................................................................ |
| ........................................................................................................................ |
| ........................................................................................................................ |
| ........................................................................................................................ |
| ........................................................................................................................ |
| ........................................................................................................................ |
| ........................................................................................................................ |

## Ámbito de análisis en función de los aspectos formales[11]

| | CUESTIONES A ANALIZAR | VALORACIÓN | OBSERVACIONES |
|---|---|---|---|
| A. DISEÑO Y MAQUETACIÓN | a) El aspecto general del material es atractivo. | 0 1 2 | |
| | b) Por su formato y número de páginas, el material es manejable. | 0 1 2 | |
| | c) La encuadernación es adecuada. | 0 1 2 | |
| | d) En la cubierta se especifican claramente el título y la autoría. | 0 1 2 | |
| | e) En el interior se da una adecuada visualización de las jerarquías (diagramación). | 0 1 2 | |
| | f) La letra es adecuada. | 0 1 2 | |
| | g) El papel no es demasiado transparente ni brillante ni desagradable al tacto. (*Si se trata de un cuaderno fungible*: es apropiado para escribir y dibujar en él.) | 0 1 2 | |
| | h) El contraste entre el color del texto y el papel facilita la legibilidad. | 0 1 2 | |

11. Este ámbito se corresponde con el del mismo título del capítulo 6.

| | CUESTIONES A ANALIZAR | VALORACIÓN | OBSERVACIONES |
|---|---|---|---|
| A. DISEÑO Y MAQUETACION | i) Las ilustraciones son coherentes con el texto y cumplen su función adecuadamente. | 0 1 2 | |
| | i.1) Las ilustraciones más destacadas son las más importantes. | 0 1 2 | |
| | i.2) Cada ilustración tiene su referencia. | 0 1 2 | |
| | j) El tipo de impresión (un color, dos colores...) es el adecuado. | 0 1 2 | |
| B. OTROS ASPECTOS | a) Existe un índice bien situado. | 0 1 2 | |
| | b) Se incluye bibliografía y/u otra información complementaria. | 0 1 2 | |
| | b.1) La bibliografía es adecuada. | 0 1 2 | |
| | c) El precio de venta del material es adecuado. | 0 1 2 | |

## C. Ámbito de análisis en función de los aspectos formales. Descripción global

(Entre paréntesis se indica la respuesta que se puede consultar en cada caso, de entre las que se han dado dentro de este ámbito.)

En general, el diseño y la maquetación del material analizado se puede considerar,.................. ..........................................................destacando los siguientes aspectos: .......................................................................................................................
.......................................................................................................................
.......................................................................................................................
.......................................................................................................................
.......................................................................................................................
..................................................(Aa, Ab, Ac, Ad, Ae, Af, Ag, Ah, Ai, Aj).

En lo que se refiere a otros aspectos formales, puede destacarse:.................................. ..........................................................(Ba, Bb). El precio de venta .........................................................es (Bc).

### D. Conclusiones del análisis en función de los aspectos formales

El material analizado en función de los aspectos formales se considera.........................................
.................................................................................................................................
.................................................................................................................................
.................................................................................................................................
.................................................................................................................................
.................................................................................................................................
.................................................................................................................................

## Valoración global del material analizado

A. Aspectos resueltos muy adecuadamente en el material
.................................................................................................................................
.................................................................................................................................
.................................................................................................................................
.................................................................................................................................
.................................................................................................................................

B. Aspectos resueltos adecuadamente en el material
.................................................................................................................................
.................................................................................................................................
.................................................................................................................................
.................................................................................................................................
.................................................................................................................................
.................................................................................................................................

C. Aspectos resueltos de manera poco adecuada
.................................................................................................................................
.................................................................................................................................
.................................................................................................................................
.................................................................................................................................
.................................................................................................................................

D. Aspectos cuya presencia o ausencia resulta muy problemática, cuestionando la adecuación del material
.................................................................................................................................
.................................................................................................................................
.................................................................................................................................
.................................................................................................................................
.................................................................................................................................
.................................................................................................................................

E. Conclusiones finales de la evaluación del material ........................................................................
..........................................................................................................................................
..........................................................................................................................................
..........................................................................................................................................
..........................................................................................................................................
..........................................................................................................................................

El material analizado es especialmente adecuado ya que..........................................................................
..........................................................................................................................................
..........................................................................................................................................
..........................................................................................................................................
..........................................................................................................................................
..........................................................................................................................................

El material analizado es parcialmente adecuado ya que...........................................................................
..........................................................................................................................................
..........................................................................................................................................
..........................................................................................................................................
..........................................................................................................................................
..........................................................................................................................................

El material analizado no es adecuado, ya que ........................................................................................
..........................................................................................................................................
..........................................................................................................................................
..........................................................................................................................................
..........................................................................................................................................
..........................................................................................................................................

# 8

# Análisis de materiales que utilizan soportes distintos al papel

El modelo de análisis de materiales curriculares presentado en los capítulos anteriores puede ser útil, en parte, para el análisis de aquellos que utilizan soportes distintos al papel: materiales informáticos y audiovisuales, especialmente. De todas maneras, por sus características específicas, se requerirá analizar también una serie de aspectos distintos a los que se consideraban en el caso de los materiales editados en papel. En ocasiones, el material informático o audiovisual puede ir acompañado de una guía (en soporte papel) para el profesorado o puede formar parte de un paquete curricular constituido por materiales con distintos tipos de soporte. En cada caso se deberá proceder al análisis utilizando el instrumento más adecuado o la conjunción de distintos instrumentos.

## Modelos para el análisis de materiales que no utilizan el papel como soporte

En el ámbito del análisis de materiales audiovisuales existen algunos modelos que aportan propuestas interesantes que pueden servir como referencia para adecuar el modelo propuesto para materiales en soporte papel (algunos de estos modelos se encuentran recogidos en Cabero, 1990).

Siguiendo un orden cronológico, se puede citar una propuesta ya lejana de Robinson (1975) consistente en un cuestionario para la valoración de películas, en el cual se contemplan los siguientes bloques de análisis:

- Objetivos (claridad, grado de adquisición, duración adecuada del film).
- Elección del contenido (información presentada convincentemente, riqueza de imágenes y comentarios suficientes para una comprensión fácil del tema, contenido únicamente de elementos importantes o pertinentes, etc.).
- Desarrollo del mensaje (desarrollo de las ideas con claridad, continuidad de la historia, captación del interés del público).

- Cualidades técnicas de la imagen (atracción de la vista por la composición de la imagen, realización técnicamente correcta de los primeros planos, iluminación y cambios de ritmo, etc.).
- Animación (facilidad de comprensión, ayuda a mantener el interés del film, ayuda a clarificar el contenido de la película, etc.).
- Sonido (buenas voces, calidad de la locución y de la narración, elección correcta del vocabulario, etc.).
- Impacto (desencadenamiento de reacciones interesantes, capacidad de encender discusiones, ayuda a descubrir problemas relacionados con el tema, etc.).

Cada una de las anteriores cuestiones, Robinson las formula en forma de preguntas; para cada pregunta admite una puntuación entre 1 y 5, de «mediocre» a «sobresaliente».

De Zavaleta (1976) propone diversas fichas de análisis aplicables a distintos medios: fichas-guía para la selección de materiales audiovisuales (franelógramo, tabla magnética) y fichas para la evaluación (radio, grabaciones, proyección fija, película, televisión). Contempla una ficha para cada análisis, con preguntas específicas para cada medio. En todos los casos se trata de preguntas (entre diez y diecinueve) a las cuales hay que responder «sí» o «no». Al final de la ficha se solicita una valoración del material con carácter numérico que, a su vez, se relaciona con estas categorías: malo, regular, aceptable, bueno, sobresaliente. Cuando se da el caso, se propone una valoración antes del uso del material y otra posterior a su uso.

Bates (1980) propone un modelo para el análisis de la televisión educativa que contempla la interacción de tres grupos de factores:

- Organizativos:
  - Organización institucional y operativa
  - Estructura económica y política
  - Enfoque pedagógico en el que se inserta el programa de televisión
- Alumnado:
  - Características individuales
  - Contexto de aprendizaje
  - Proceso de aprendizaje
- Programa:
  - Funciones del medio
  - Componentes
  - Calidad

Por su parte, Salomon y Martín (1983) también proponen un modelo de análisis de la televisión educativa en el cual se contemplan seis componentes: tecnología de transmisión, contenido, condiciones específicas de recepción de los mensajes, sistema de símbolos utilizados, factores didáctico-educativos y factores organizativos del sistema. Los autores proponen siete tipos de evaluación (lo que constituye una de sus aportaciones más relevantes):

- Evaluación de la entrada, por ejemplo mediante el análisis de contenido.
- Evaluación del proceso: situaciones alrededor del programa, los estudiantes, el profesorado, etc. que influyan en los resultados a conseguir.

- Evaluación del producto: modificación de actitudes, recuerdo del mensaje, etc.
- Evaluación entrada-producto, la más habitual.
- Evaluación entrada-proceso; por ejemplo, análisis sobre las diferentes maneras de presentar las imágenes.
- Evaluación proceso-producto.
- Evaluación entrada-proceso-producto.

De Pablos (1986) propone un modelo para el análisis del cine didáctico en el cual se identifican tres grandes dimensiones (que a su vez se subdividen): alumnado, cine y situación instruccional contextualizada. Los resultados de aprendizaje estarán en función de la interacción de las tres dimensiones señaladas.

El modelo de análisis de utilización didáctica del vídeo propuesto por Cabero (1989) contempla cuatro grandes dimensiones: el alumnado, el medio vídeo, el uso que se prevea del medio y el contexto instruccional de uso; todas ellas enmarcadas por el currículum como espacio configurador.

En un artículo más reciente, Blázquez y otros (1993) proponen, por un lado, un análisis para la selección del vídeo educativo antes de su uso en la clase y, por otro lado, una evaluación después de este uso. Citan los siguientes indicadores:

- Aspectos de estructuración de los contenidos. Indican una serie de características que avalarán el tratamiento científico del tema: veracidad de la información, objetividad, actualidad, desarrollo expositivo adecuado a la estructura científica de la materia, etc.
- Aspectos relacionados con el tratamiento audiovisual:
  - elementos expresivos y sonoros,
  - elementos expresivos de la imagen,
  - interrelación sonido-imagen.
- Aspectos específicamente didácticos: explicitación clara de los objetivos pedagógicos, explicitación del tipo de audiencia, relieve de los puntos esenciales de la información, utilización de recursos humorísticos y cómicos, tiempo de duración adecuado, etc.

## Elementos para adaptar el modelo propuesto

Las anteriores propuestas se refieren, respectivamente, al análisis de determinados medios o materiales. Se trata, por lo tanto, de propuestas de uso limitado. En todo caso, en ellas se observa una evolución en los intereses prioritarios paralela a la evolución temporal, desde la propuesta de Robinson de 1975 a las más recientes. De todas maneras, en general parece darse más relieve a los aspectos técnicos o formales que a los aspectos más directamente didácticos. Da la impresión de que algunas reflexiones más centradas en los libros de texto, y en general en los materiales que utilizan el papel como soporte, en el sentido de plantearse el papel que cumplen los materiales y la coherencia general de éstos, encuentran poco paralelismo en propuestas de análisis de otro tipo de materiales.

Si se analizan las distintas propuestas, se observa que algunos elementos (aunque pueda variar la terminología y los elementos de detalle) quedan ya recogidos en el modelo de análisis para materiales editados en soporte papel. Es así que algunos apartados del modelo citado pueden ser útiles, con adaptaciones menores, para el análisis de materiales que no utilizan el papel como soporte.

El modelo requiere pocas adaptaciones en su apartado descriptivo. Sólo se requieren adaptaciones menores, como por ejemplo cuando se define el tipo de material en el sentido de si es o no fungible o en su organización didáctica.

En líneas generales, el ámbito de análisis en función de las intenciones educativas tampoco requiere excesivas adaptaciones. En este ámbito se puede plantear el problema de que no exista definición prácticamente de ninguno de sus apartados, debido a que en muchos casos el material a analizar no va acompañado de la correspondiente guía didáctica o guía para el profesorado. Pero, en todo caso, se trata de un déficit que también se da en materiales editados en soporte papel, tales como, por ejemplo, algunos cuadernos de ejercitación.

La clasificación que se plantea en el ámbito de análisis en función de los requisitos para el aprendizaje puede ser útil en lo que se refiere a la diferenciación entre materiales informativos o de consulta y entre materiales con propuestas de actividades. En lugar de los materiales de lectura cabría hablar de materiales que tuvieran como función básica la «lectura de la imagen».

Dentro de la consideración de materiales informativos, las cuestiones a plantearse deberían estar en función del soporte del material. Algunas cuestiones se podrían mantener, por ejemplo: adecuación del nivel lingüístico (en este caso oral y/o visual), densidad informativa, carácter dogmático/carácter abierto, etc. En general, las cuestiones planteadas requerirían una adaptación consistente en sustituir las referencias al texto escrito por referencias al texto visual o a un texto mixto.

En lo que se refiere al material con propuestas de actividades también las adaptaciones parecen sencillas. Prácticamente todas las cuestiones pueden ser útiles sólo teniendo en cuenta que se refieren a otro tipo de material.

Donde se requiere una adaptación más importante es en la sustitución de los materiales de lectura por otro tipo de materiales. Algunas de las cuestiones se pueden mantener pero, en general, se requiere plantear cuestiones distintas. En todo caso, cuando se enfoca desde la perspectiva de «lectura de la imagen» más que desde la perspectiva de únicamente un recurso al servicio de un proyecto docente, hay que reflexionar sobre cuáles son los elementos básicos para facilitar el aprendizaje de este tipo de lectura y, en general, sobre cómo integrar la comunicación audiovisual en el currículum. Algunos trabajos recientes (por ejemplo: Corominas, 1994) pueden proporcionar orientaciones en este sentido pero se trata de una dimensión que cae fuera del tema que se desarrolla en el presente libro.

Las cuestiones que en el modelo de análisis de materiales editados en soporte papel se plantean respecto a la atención a la diversidad del alumnado son aplicables al análisis de otros tipos de materiales y, en todo caso, el problema que se puede dar es uno ya comentado anteriormente: que por la falta de globalidad que suele caracterizar a esos materiales y por su función generalmente complementaria, los citados materiales no vayan acompañados de la guía didáctica o de la explicitación en la cual se haga referencia a la atención a la diversidad.

Evidentemente es en el ámbito de análisis en función de los aspectos formales donde se requiere una mayor adaptación en función del tipo de material a analizar. En este ámbito se pueden considerar algunos de los aspectos señalados en las propuestas recopiladas en el apartado anterior: cambios de ritmo, iluminación, sonido, etc.

# 9

# El profesorado como investigador de su propia práctica: evaluar el uso de los materiales curriculares

En capítulos anteriores se ha hecho referencia a la exigencia profesional que debe plantearse todo profesor y profesora en el sentido de no limitar su acción docente a las tareas de ejecución (en muchas ocasiones de lo que otros han planificado) e incluir también las tareas de diagnóstico y de planificación. El reto de mejorar, día a día, la calidad de la educación que se imparte en un centro educativo compete prioritariamente al profesorado, el cual, evidentemente, debería contar con apoyos externos. Los procesos de enseñanza-aprendizaje están influidos por muchas variables que, además, son cambiantes (esto es inherente a las ciencias humanas en general y a las ciencias de la educación en particular). Quien mejor puede conocer estas variables y quien mejor puede intervenir para mejorar los procesos, adaptando su acción a las nuevas situaciones que se van suscitando, es el propio profesorado.

Las decisiones «de laboratorio», tomadas desde fuera de la realidad del aula y con carácter generalista, pueden proporcionar un marco de intervención pero las verdaderas innovaciones tendentes a mejorar los procesos de enseñanza-aprendizaje dependen del profesorado. Pero para que éste pueda tomar decisiones adecuadas tiene que conocer y analizar su propia práctica; sólo a partir de una reflexión sobre esta práctica será posible tomar decisiones que la puedan ir mejorando progresivamente. En esta línea se sitúan los planteamientos conocidos como de «investigación-acción».

## El profesorado como investigador de su propia práctica

La investigación-acción es una forma de indagación autorreflexiva sobre la propia práctica que tiene como finalidad entender mejor esta práctica para poderla mejorar. Se trata de un término *(action-research)* utilizado por primera vez por el psicólogo social Kurt Lewin. Consiste en investigar para posteriormente tomar decisiones. Es un tipo de investigación que se relaciona con los problemas prácticos cotidianos experimentados por el profesor o la profesora en su aula (o en otros ámbitos de su acción profesional). El propósito de la investigación-acción es el de profundizar (y no moverse sólo por intuiciones más o menos afortunadas) en la comprensión de los problemas reales; se trata de diagnosticar cuáles son y qué características tienen esos problemas.

El método de la investigación-acción consiste en una «espiral autorreflexiva» (Carr y Kemmis, 1988) formada por ciclos sucesivos cada uno de los cuales contiene estas fases: planificación, acción o intervención, observación y reflexión sobre lo observado.

La espiral autorreflexiva de la investigación-acción puede partir de observaciones iniciales sobre las prácticas de enseñanza y de su análisis; a continuación se pueden tomar decisiones de planificación en el sentido de en qué aspectos y cómo se desea modificar dichas prácticas; el siguiente paso será observar los efectos de los cambios introducidos (con especial atención a los nuevos problemas suscitados por estos cambios y por los problemas que se mantienen a pesar de los cambios introducidos); después se podrá reflexionar sobre las observaciones para, a partir de estas reflexiones, decidir la próxima acción a emprender (que volverá a reiniciar el ciclo y posibilitará la innovación que conduce a mejorar el proceso de enseñanza-aprendizaje).

En las experiencias de investigación-acción realizadas por profesorado se ha constatado, en general, que después de cierto número de ciclos se empiezan a detectar diferencias relevantes en las prácticas didácticas que se acostumbran a valorar como mejoras evidentes.

Elliott (1990) propone el siguiente modelo de investigación-acción:

a) Identificar y clarificar la idea general o el problema: una situación o unos hechos que se deseen cambiar para mejorar.
   Elliott advierte sobre la posibiliad de que el problema detectado sea sólo un síntoma de un problema más profundo por lo que la idea general original puede necesitar ser revisada constantemente durante el proceso de investigación-acción.

b) Exploración:
- Describir los hechos de la situación de la manera más completa posible.
- Explicar los hechos de la situación generando hipótesis explicativas y comprobándolas. Para comprobarlas será necesario recoger información.

c) Construcción del plan general:
- Descripción revisada de la idea general.
- Descripción de los factores que se han de modificar o cambiar para poder mejorar la situación, y las consiguientes acciones que hay que emprender.
- Afirmación de las negociaciones ya emprendidas o que tendrán que comenzarse con otros antes de seguir con las medidas previstas.
  Es probable que algunas de las medidas se tengan que «negociar» con otros profesores y profesoras o con la dirección del centro.
- Descripción de los recursos necesarios (materiales, espacios, etc.).
- Descripción de las normas éticas por las que se regirá el acceso a la información y la disponibilidad de la misma.

d) Desarrollo de los siguientes pasos: decisión sobre cuáles de las medidas perfiladas en el «plan general» deben ser puestas en marcha en primer lugar, y cómo se verificarán los procesos de puesta en marcha y sus efectos.
Para verificar los procesos y sus efectos se requerirá utilizar técnicas de recogida de información que permitan conocer como se desarrollan las medidas desde diversas perspectivas y que evidencien tanto los efectos deseados como los no deseados.
e) Puesta en marcha de los procesos siguientes:
A partir de las verificaciones que se van realizando se puede observar que la medida adoptada crea efectos secundarios problemáticos o que se requiere una selección más amplia de técnicas de recogida de información. Los pasos siguientes se decidirán en función de cómo se vaya desarrollando el propio proceso de investigación-acción.
Para recoger información se pueden utilizar diversas técnicas: diarios, análisis de documentos (programaciones, exámenes utilizados, etc.), participación de un observador externo, entrevistas, listas de comprobación, etc.

La investigación-acción se basa en un enfoque interpretativo o naturalista de la investigación educativa, suscribiendo de esta manera las palabras de Benedito (1988) cuando dice que «hoy parece fuera de duda que la complejidad de los fenómenos y procesos de enseñanza no puede ser captada en toda su riqueza y profundidad a través de dicho modelo (el positivista)» y que «frente a este enfoque racionalista/cuantitativo aparece un movimiento alternativo que, caracterizado grosso modo como enfoque cualitativo, incluye a su vez diferentes perspectivas y tendencias que no resulta fácil esquematizar y clasificar...». En todo caso, se trata de un paradigma de investigación en el cual se considera que no existe una realidad única que investigar sino múltiples realidades que interaccionan entre sí y que el investigador no resta al margen de esas realidades sino que influye en ellas; el diseño de la investigación es abierto y flexible, evolucionando a lo largo de la propia investigación; los métodos de recogida de información son prioritariamente cualitativos, aunque para diferentes autores (Reichardt y Cook, 1979; Guba, 1985; Mateo, 1995) los métdos cuantitativos y cualitativos son compaginables.

La investigación-acción puede considerarse como una investigación evaluativa y, en todo caso, se sitúa en una perspectiva en la que se manifiestan claros propósitos «en el contexto de un campo de conocimiento orientado a la acción» y en la cual hay que «desvelar los entresijos que permitan pensar en la investigación educativa como una tarea que participa, colabora, en procesos de cambio» (Escudero, 1985).

## Investigar las funciones reales de los materiales en el aula

La selección a partir de criterios preestablecidos de los materiales curriculares (o su elaboración por parte del propio profesorado), así como el establecimiento de unos criterios que orienten su uso en el aula, constituyen decisiones de carácter preactivo, tomadas por lo tanto con anterioridad a la realización efectiva de los procesos de enseñanza-aprendizaje. Pero lo cierto es que las dinámicas que realmente se desarrollan en el aula y los procesos interactivos que se dan en su seno comportan un uso específico de los materiales curriculares y, consecuentemente, que éstos cumplan determinadas funciones.

Estos usos y funciones podrán acercarse más o menos a lo que el profesor o la profesora habían previsto pero, en todo caso, lo que realmente importa en esta parte del proceso (la parte activa o de realización efectiva de los procesos de enseñanza-aprendizaje) es lo que verdaderamente está sucediendo, el currículum que realmente se está desarrollando en el aula. La planificación que se ha realizado previamente es una guía del proceso pero hay que ver cómo se desarrolla concretamente este proceso.

Los planteamientos generales sobre la investigación-acción pueden aplicarse a la problemática de los materiales curriculares. Cuando se decide iniciar procesos de investigación-acción hay que tomar diversas decisiones pero una de las primeras es la que se refiere a cuál será el punto focal de la investigación. Probablemente la cuestión de los materiales curriculares puede ser este punto focal precisamente por el papel tan relevante que juegan los materiales en los procesos que se desarrollan en el aula. Pero, aunque lo focos de atención sean otros, en muchos casos también habrá que considerar la cuestión de los materiales debido a su incidencia.

Aplicando el esquema metodológico general de la investigación-acción a los materiales curriculares, la espiral autorreflexiva puede partir de observaciones iniciales sobre cómo se están usando los materiales (o determinados materiales) tanto por parte del propio profesor o profesora como por parte del alumnado. Los datos recogidos en la observación se podrán analizar para, a continuación, poder tomar decisiones de planificación (qué aspectos se desea modificar y cómo). Se puede decidir no utilizar en el futuro determinados materiales, utilizarlos de forma distinta o con otras funciones, utilizar además otros materiales, modificar el momento o fase de la secuencia de enseñanza-aprendizaje en que se usan, etc.

A continuación se podrán observar los efectos de las decisiones que se han tomado: ¿realmente están cumpliendo nuevas funciones?; con el uso en otro momento de la secuencia ¿qué situaciones nuevas se han generado?; ¿qué problemas nuevos se observan?, etc. Una vez recogidas las informaciones (mediante un diario, con la colaboración de una persona externa, etc.) se deberá llevar a cabo una reflexión sobre ellas para, a partir de estas reflexiones, decidir los próximos pasos que reiniciarán el ciclo.

Aunque la investigación-acción puede ser una tarea individual de un profesor o de una profesora, es recomendable que se entienda como una labor en equipo ya que, por una parte, se será coherente con la necesidad de coordinación y de línea de actuación con un grado suficiente de homogeneidad entre el profesorado de un centro pero, además, el proceso de análisis y de propuesta de acciones a realizar se enriquecerá con las aportaciones de otros profesionales y con el propio proceso de coloquio; es mucho más rico construir colectivamente ideas que limitarse a las propias.

Imaginemos que un equipo docente (de ciclo o de un departamento didáctico, por ejemplo) decide llevar a cabo un proceso de investigación-acción alrededor de la cuestión de los materiales curriculares. Siguiendo, como orientación, las fases propuestas por Elliott, un ejemplo del proceso podría ser el siguiente:

1. *Identificación y clarificación de la idea general o del problema*
Se acuerda, después de un coloquio del profesorado implicado, que lo que se desea mejorar es que el uso de los libros de texto sirva realmente para que se aprenda bien, ya que se ha observado que el alumnado utiliza el libro para memorizarlo pero, al cabo de un tiempo, ha olvidado gran parte de los contenidos que debería haber aprendido. Esta reflexión ha aparecido a partir de diversas constataciones sobre como «olvidan» los alumnos y alumnas durante las vacaciones de verano lo que teóricamente habían aprendido durante el curso.
2. *Exploración*
- Descripción de los hechos: aunque se trabaja con libros que, en principio, pueden parecer bastante adecuados, el alumnado no aprende bien los contenidos del libro ya que los memoriza pero, pasado un tiempo, muchos alumnos y alumnas los han olvidado.
- Explicación de los hechos: en el coloquio entre el profesorado aparecen diversas hipótesis, tales como « no entienden el lenguaje del libro», « el profesorado les manda como tarea memorizar, aunque no lo diga explícitamente», «el alumnado no ve el sentido ni el porqué de lo que tiene que estudiar, lo hace sólo porque el docente le dice que estudie», «el alumnado no escucha suficientemente en clase y después no entiende bien el libro», etc. Es posible que en esta fase se advierta la posibilidad de que el problema planteado sea sólo una parte del problema: quizás éste no sea únicamente del uso que se hace de los libros de texto sino que, en general, no se atiende suficientemente a aquellos elementos que ayudan a que el aprendizaje sea lo más significativo posible. Por ejemplo: la hipótesis «el alumnado no ve sentido ni el porqué de lo que tiene que estudiar ...» quizás pueda aplicarse a muchas de las tareas o actividades que se realizan en el aula y no sólo a las que tienen relación con materiales curriculares. Si éste fuera el caso, se debería revisar la idea general o el problema central de la investigación.
3. *Construcción del plan general (para comprobar las hipótesis)*
- Descripción revisada de la idea general (si se da el caso).
- Descripción de los factores que se han de modificar o cambiar para mejorar la situación y acciones a emprender. Según las hipótesis planteadas estos factores y acciones serán unos u otros. Por ejemplo, ante la hipótesis «el alumnado no escucha suficientemente en clase...» la situación mejoraría si se consiguiera una mayor atención por parte del alumnado y las acciones a emprender serían aquellas que reforzaran la motivación del alumnado y ayudaran a adecuar la explicación del docente a las características de su auditorio (capacidades, conocimientos previos, etc.), a la vez que relacionaran directamente las explicaciones con los contenidos que se desarrollan en los libros.
- Negociaciones: ante la propuesta del ejemplo anterior podría darse el caso que una mayor adecuación de las explicaciones obligara a dejar para otros cursos determinados contenidos. En este caso sería necesario negociarlo con el resto del profesorado.

- Descripción de los recursos necesarios (cuando se dé el caso).
- Descripción de las normas éticas: la información que se recoja en el proceso de investigación tiene que ser confidencial, aunque este concepto debe ser aplicable a toda aquella información que el profesor o la profesora conozca como fruto de sus tareas profesionales. En ocasiones parece que el profesorado no tenga demasiado claro el concepto de secreto profesional que, por otra parte, es propio de cualquier profesión. De igual manera, como cualquier profesor y profesora se debería plantear si las informaciones sobre un alumno o alumna concreto (características personales, problemas de aprendizaje, aspectos sociales, etc.) deben ser algo privado entre el docente y el alumno o alumna en cuestión, aquellas informaciones fruto de su investigación deben darse a conocer con un respeto exquisito de las normas éticas que salvaguarden la intimidad de su alumnado.

4. *Desarrollo de los siguientes pasos*

Qué medidas hay que poner en marcha en primer lugar (ya que probablemente habrán surgido distintas posibilidades) y como se verificarán los procesos de puesta en marcha y sus efectos. En esta fase hay que decidir a qué fuentes de información se recurrirá (el alumnado, profesorado, asesoría externa...) y mediante qué instrumentos se recogerá la información (registros para la observación directa, entrevistas a algunos alumnos y alumnas, coloquio abierto entre todo el grupo-clase, triangulación mediante tres observadores -el propio profesor, un estudiante y un observador u observadora externo- que posteriormente ponen en común sus observaciones, etc.).

5. *Puesta en marcha de los procesos siguientes* que se decidirán en función de la evolución del proceso de investigación-acción.

Los procesos de innovación, para que se puedan considerar así y no simples procesos de cambios superficiales, requieren que se parta de la realidad y que se planteen pequeños cambios que se puedan ir experimentando y reorientando. A todas las personas lo que nos proporciona seguridad es la repetición, el hacer las cosas tal como las hemos hecho siempre, los hábitos. Por el contrario, ante situaciones nuevas no sabemos cómo reaccionar, nos sentimos inseguros. De aquí que los cambios muy grandes no puedan ser aceptados: el grado de inseguridad es demasiado elevado. Los pequeños cambios sí que se pueden probar, ya que comportan un grado de inseguridad pequeño, asumible si queda compensado por el valor que damos al cambio. Es por esto que la investigación-acción debe plantear modificaciones pequeñas y será la suma de estas modificaciones, una detrás de otra, la que pueda proporcionar un cambio relevante.

Así, por ejemplo, no sería adecuado que un ciclo que viene trabajando utilizando el libro de texto casi como manual único y protagonista destacado del proceso de enseñanza, decidiera de repente trabajar sin libros de texto. En cambio, sí que podría plantearse modificar algunos usos de los libros, completarlos con otros tipos de materiales, etc.

# Evaluación inicial, formativa y sumativa de los materiales curriculares

La evaluación de los materiales curriculares debe realizarse en distintos momentos y con funciones distintas, aplicando a la evaluación de materiales los criterios generales sobre evaluación (expuestos por diversos autores, por ejemplo: Parcerisa, 1994). La evaluación inicial, que quizás con más propiedad se puede denominar diagnóstica, corresponde a la etapa preactiva del proceso de enseñanza-aprendizaje. El modelo de análisis y de evaluación propuesto en capítulos anteriores es adecuado para este tipo de evaluación en cuanto permite recoger información, analizarla y tomar decisiones consecuentes sobre qué materiales son más adecuados y sobre cómo planificar u orientar su uso en el aula.

La evaluación formativa o continuada corresponde a la etapa activa del proceso de enseñanza-aprendizaje. Esta fase de la evaluación es necesaria para ir adecuando la intervención docente respecto al uso de los materiales; tiene por lo tanto una importante función reguladora. En investigaciones realizadas sobre el uso de unos mismos materiales por parte de distintos profesores y profesoras se ha observado que este uso y las consiguientes funciones que cumplen los materiales difieren de manera relevante en los distintos casos observados. Este uso depende de los criterios previos que lo orienten pero también de cómo se materializan en el aula aquellos criterios, más o menos explícitos. La investigación-acción puede ser una alternativa adecuada para la evaluación formativa en lo que se refiere al uso de los materiales.

La evaluación sumativa es la que se realiza en la etapa postactiva del proceso de enseñanza-aprendizaje. Esta evaluación, en lo que se refiere al uso de los materiales curriculares, es la que debe permitir constatar cómo se han usado los materiales y para qué han sido y para qué no han sido adecuados, tanto teniendo en cuenta su adecuación en función del logro de las intenciones educativas como analizando el currículum oculto (valores, actitudes, estrategias...) que los materiales colaboran a desarrollar. Esta evaluación se convierte en evaluación inicial, o en parte de ésta, cuando sirve para plantearse la adecuación de los materiales y el enfoque de su uso de cara a nuevos procesos de enseñanza-aprendizaje.

Aunque se está haciendo referencia específicamente a la cuestión que nos ocupa en este libro, hay que tener en cuenta que, tal como se ha puesto de manifiesto en el primer capítulo, el aula es un ambiente de aprendizaje resultado de la interacción dinámica de diversas variables y, por lo tanto, el análisis del uso de los materiales (una de estas variables en interacción) no puede hacerse desvinculado del análisis del resto de variables. En todo caso, puede ser adecuado focalizar el análisis en los materiales o en otra variable pero, en algún momento del proceso, este análisis habrá que relacionarlo con el de las demás variables.

Cuando se habla de evaluación se puede diferenciar entre evaluación de los aprendizajes del alumnado y evaluación de la enseñanza. En realidad son dos caras de la misma moneda. Cuando se trata de evaluar el uso de los materiales en un aula se está haciendo una evaluación de un componente de enseñanza pero, lógicamente, en relación a los aprendizajes que contribuye a vehicular.

Un modelo de evaluación que puede ser útil es el propuesto por Stake para la evaluación de programas educativos. Para la recopilación de datos propone el siguiente esquema (Cuadro 5)

Cuadro 5

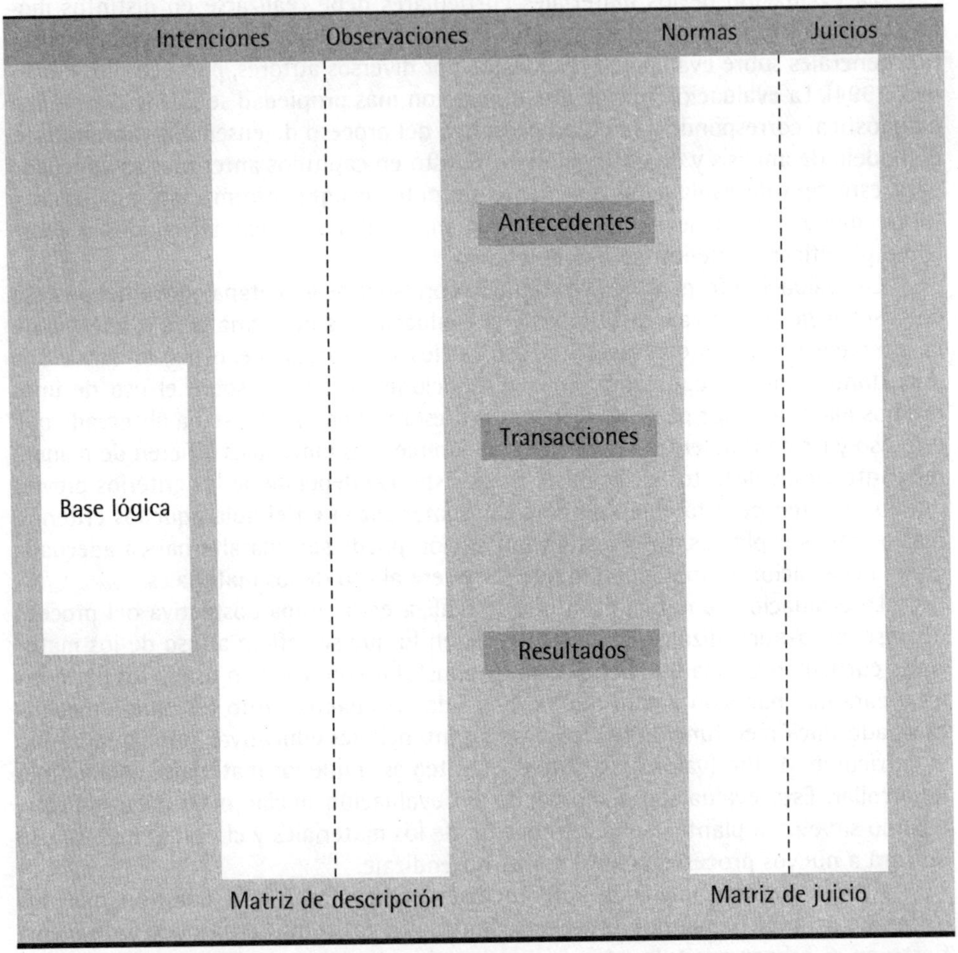


Podemos utilizar el esquema propuesto por Stake adaptándolo para el análisis y la evaluación de materiales curriculares.

Los espacios en blanco están destinados a las anotaciones, aunque sólo se trata de un esquema. En la base lógica se recogerían los antecedentes e intenciones filosóficas del programa. Aplicado al análisis de materiales en un centro, en esta base deberían especificarse, por ejemplo, los criterios sobre materiales curriculares recogidos en el proyecto curricular del centro.

Los datos se recopilarían en tres fases (dimensiones verticales del esquema): fase preactiva (antecedentes), activa (transacciones) y postactiva (resultados).

En el esquema se contemplan dos matrices: la de descripción y la de juicio.

Veamos en primer lugar la matriz de descripción en la cual, como indica su nombre, se trata de recoger información que posteriormente se analizará (en la otra matriz).

En la primera columna se anotarían las intenciones educativas del programa, proyecto o programación. En el apartado de antecedentes se especificarían las intenciones que se planifican de entrada; en el de transacciones cómo se van concretando estas intenciones (y si se da el caso cómo se van modificando); en el de resultados se anotaría si se han conseguido las intenciones definidas y en qué grado.

En la columna de observaciones se anotarían todos aquellos datos que se considere que pueden ser ilustrativos para el análisis posterior. Estos datos se recogerían previamente (antecedentes), durante el proceso (transacciones) y posteriormente (resultados). En cada una de las fases se podrían anotar observaciones, por ejemplo, respecto a:

- *Antecedentes:* Características más relevantes de los materiales que se utilizarán, hábitos del alumnado en el uso de materiales, expectativas de los padres y madres del alumnado respecto al uso de los materiales, etc.
- *Transacciones:* Momentos en que se utilizan los materiales, actitud del alumnado respecto a su uso, indicaciones proporcionadas por el profesorado respecto a cómo usar los materiales, etc.
- *Resultados:* Contribución de los materiales a los resultados finales del proceso, resultados no previstos en los cuales han influido los materiales, valoraciones del alumnado sobre los materiales que han usado, etc.

En la matriz de juicio se trata de anotar las valoraciones. La primera columna está destinada a recoger las normas o los criterios de lo que se considera generalmente como adecuado o correcto. Para poder juzgar o valorar, a partir de los datos recogidos en la matriz de descripción, hay que tener un punto de referencia. Proporcionar una referencia explícita es lo que se pretende con la columna para las normas. En el caso de los materiales curriculares, en los antecedentes se podría anotar los criterios que se consideran adecuados para el uso de los materiales curriculares que se prevé usar; en las transacciones, aspectos a tener en cuenta para orientar el uso de los materiales; en los resultados cuál debería haber sido la función cumplida por los materiales.

En la columna de juicio, a partir de todas las informaciones anteriores, se puede recoger la valoración o juicio, en cada una de las fases:

- *Antecedentes:* Grado de adecuación a priori de los materiales.
- *Transacciones:* Grado de adecuación del uso efectivo de los materiales.
- *Resultados:* Grado de adecuación, una vez terminado el proceso, de los materiales y de la manera como se han usado.

Entre las tres fases del proceso (antecedentes, transacciones y resultados) se puede analizar la coherencia y la contingencia. La primera hace referencia a si las decisiones y los hechos de cada una de las fases muestran una cohesión: por ejemplo, si con los materiales se pretende ayudar a un aprendizaje con el máximo de sentido (antecedentes), ¿la manera de usarlos es coherente con las condiciones favorecedoras de este tipo de aprendizaje (transacciones)?, ¿en los resultados se analiza si el aprendizaje adquirido ha sido significativo? La contingencia se refiere a si se ha producido una relación causal entre las distintas fases del proceso: ¿la manera de usar los materiales es una consecuencia de las intenciones definidas?, ¿los resultados obtenidos son una consecuencia de las intenciones y de la manera de usar los materiales?

## Enseñar a usar los materiales curriculares

En el aula se desarrollan procesos de enseñanza-aprendizaje que incluyen el uso de recursos, entre ellos los materiales curriculares. Analizar y evaluar estos procesos es una de las tareas del profesorado. También lo es proporcionar orientaciones al alumnado sobre cómo desarrollar las actividades propuestas y sobre cómo usar los materiales.

Para enseñar a usar adecuadamente los materiales, el profesor o profesora debe tener clara cuál es la función que estos materiales tienen que cumplir. Cada tipo de material puede cumplir más fácilmente unas funciones específicas que otras pero, a partir de este punto, el docente tiene que prever cuál o cuáles de las funciones aspira a que cumpla de entre las posibles. Precisamente, la definición de las funciones a cumplir será un criterio para el profesorado en el momento de decidir qué materiales utilizar.

Así, por ejemplo, las transparencias permiten informar sobre ideas clave a grandes grupos; las fotografías pueden proporcionar informaciones de realidades inaccesibles o difícilmente accesibles a la observación directa, facilitando el uso individual de la información, pero pueden utilizarse también como recurso para que el alumno o la alumna (autores de la fotografía) comuniquen experiencias a los demás; los textos escritos permiten disponer de información accesible en momentos distintos y de manera recurrente o pueden cumplir una función de guía de una serie de actividades a realizar, etc. Los materiales pueden ser utilizados en distintos momentos de la secuencia de enseñanza-aprendizaje cumpliendo funciones distintas: de refuerzo de la motivación, de planteamiento de interrogantes, de información, de ayuda a la comprensión...

Una vez clarificadas sus funciones específicas, hay que enseñar al alumnado cómo utilizar los materiales curriculares. En algunos casos (visionado de diapositivas, por ejemplo) se trata de orientaciones sencillas. En otros casos, cuando se hace referencia a materiales más interactivos y que están pensados para un uso independiente (por lo menos parcialmente) por parte del alumnado (los libros de texto, por ejemplo) se requiere de orientaciones y de procesos de aprendizaje del uso de los materiales más complejos.

En el caso de los materiales escritos, por ejemplo, hay que enseñar a prever la información que el material puede aportar a partir del título de los distintos apartados, a distinguir los distintos niveles de lectura o de profundización según el tipo de letra u otras señales tipográficas, a utilizar los elementos gráficos, a interpretar los esquemas conceptuales, a buscar las palabras desconocidas que aparecen en el texto, etc.

Este aprendizaje del uso de los materiales se deberá plantear en relación con el aprendizaje suscitado por otras actividades. Los materiales se usarán en unos momentos determinados de la secuencia de enseñanza-aprendizaje y, por lo tanto, hay que aprender a usarlos en relación a la función que cumplen en el contexto de la secuencia general.

Un uso específico de los materiales, con algunas características distintas a los otros usos, es el de los materiales previstos para cumplir una función de autoformación. En este caso se trata de materiales diseñados y/o incluidos en secuencias de enseñanza-aprendizaje pensadas para que el alumno o la alumna se formen autónomamente. El propio material se convierte en la guía directriz del proceso de enseñanza. Aunque en este caso el análisis y la evaluación del material se tienen que realizar en las fases proactiva y postactiva del proceso, en ocasiones el profesorado o tutor o tutora puede obtener información también del proceso activo de enseñanza-aprendizaje ya que, por ejemplo, le es posible observar cómo el alumnado interactúa con el material.

# 10

# Algunas reflexiones de cara al futuro

El modelo de análisis propuesto en los capítulos 6 y 7 se aplicó, para su validación, a un total de 83 materiales curriculares (Parcerisa, 1995), llegándose a la conclusión, después de someter estos análisis a los controles de credibilidad de la investigación que eran pertinentes, de que se trata de un modelo adecuado. Aunque se articula en un instrumento de análisis fundamentalmente cualitativo, la disparidad de valoraciones entre las distintas personas que realizaron análisis fue muy baja, excepción hecha de algunos apartados específicos que se interpretaban de manera distinta. Estos apartados se modificaron dando lugar a la versión presentada en este libro.

Una cuestión que queda pendiente por determinar es si el instrumento de análisis es simplificable. En su diseño se ha intentado encontrar un punto de equilibrio entre la rigurosidad y la operatividad en su uso, facilitando además dos niveles de utilización. Es posible que si lo aplica el profesorado lo simplifique en algún aspecto; en realidad al modelo le falta aún pasar la prueba de una amplia aplicación en los centros escolares.

De todas maneras, cuando en su diseño se presentaron dudas, se optó por la rigurosidad frente a la simplificación excesiva, ya que el profesorado lo podrá simplificar si lo considera oportuno pero, por el contrario, le sería bastante más difícil hacerlo más completo.

En todo caso, el grado de complejidad o de simplicidad del modelo sólo debería estar parcialmente influido por el hecho de que, en el momento actual, una parte del profesorado no ha asumido ni la importancia de analizar los materiales curriculares ni, aún menos, dispone de unos hábitos y unas habilidades que le hagan fácil la tarea de análisis.

No sería acertado simplificar excesivamente el modelo atendiendo a esta realidad; es cierto que en el momento de diseñarlo se ha tenido en cuenta dicha circunstancia pero, también lo es, que a utilizar un modelo como el que se propone se aprende siendo consciente de la necesidad de proceder al análisis y procediendo a él. Aquí cabe insistir en la importancia de potenciar la formación en esta vertiente en las actividades formativas iniciales y permanentes del profesorado.

## Conclusiones de una investigación

En la investigación de aplicación del modelo de análisis propuesto, se llegó a las siguientes conclusiones:

a) *Las editoriales que han editado material con motivo de la puesta en marcha de la Reforma del sistema educativo, no han optado, en general, por innovaciones substanciales.*

Respecto a los materiales anteriores a la Reforma, los cambios más importantes son formales, no de fondo; no se ha querido correr riesgos asumiendo determinados planteamientos novedosos. Las empresas editoras buscan la rentabilidad de sus inversiones y no han querido apostar por unas innovaciones que, si bien podían ser coherentes con los planteamientos del nuevo sistema educativo, era incierto si el mercado respondería positivamente. La opción (ampliamente mayoritaria) adoptada ha sido más fácil y con menos riesgo: hacer una adecuación formal y terminológica, mediante la cual conseguir sintonizar con los esquemas clásicos del libro de texto, por un lado, y por otro, proporcionar al profesorado la sensación de seguridad de que con esos libros se adecuaría a la Reforma sin demasiado esfuerzo.

b) *El libro de texto se sigue concibiendo, en gran parte, como manual único.*

El libro se entiende como autosuficiente o, en todo caso, como un manual que se puede complementar con otros materiales... si se quiere. A medida que se dirige a alumnado de mayor edad se tiende a secuencias de aprendizaje cada vez más deductivas. En la línea tradicional de los libros de texto, los materiales se dirigen al estudiante individual. Los contenidos suelen ser de una sola área. En la misma línea de concepción del libro de texto como material autosuficiente, en pocas ocasiones se incluye bibliografía o información complementaria.

Esta realidad podía ser previsible desde el momento que, en contra de los primeros planteamientos pre-Reforma y probablemente debido a las fuertes presiones de las grandes empresas editoriales (sería mejor decir: de las grandes empresas del mundo de la comunicación), la Administración no sólo consideró aceptables los libros de texto como materiales para el desarrollo de la Reforma sino que, en la práctica, ha fomentado su carácter prioritario.

c) *El concepto de ciclo no ha sido realmente asumido.*

Las editoriales no han asumido el concepto de ciclo, excepto en algún caso muy aislado. Ni siquiera las guías didácticas dirigidas al profesorado (sólo se dan excepciones en el ciclo inicial de primaria) contemplan de manera relevante el enfoque de ciclo. También en este caso se ha optado por asumir algunas cuestiones formales y poco más, aunque en este aspecto algunas editoriales casi no han respetado ni las formas.

d) *Los aspectos mejor resueltos son los formales.*

El mundo de los materiales curriculares editados en soporte papel, incluidos los libros de texto, ha progresado de manera espectacular en los aspectos formales a lo largo de los últimos años. Las nuevas posibilidades técnicas han sido uno de los desencadenantes principales de este proceso. Por lo tanto, no es de extrañar que los aspectos formales aparezan bien resueltos en el conjunto de materiales analizados. (De todas maneras se dan algunas incoherencias: materiales excesivamente voluminosos para alumnado de ciclo inicial de primaria, diagramaciones mal resueltas en algunos materiales...).

e) *El aspecto peor resuelto es el de la atención a la diversidad.*

Muy pocos materiales hacen planteamientos suficientemente adecuados en esta vertiente. El libro de texto entendido a la manera tradicional no facilita la atención a la diversidad del alumnado. También en este ámbito se observan propuestas terminológicas y formales que pretenden dar una imagen de respeto a la diversidad, pero que en un análisis pormenorizado no cumplen unos mínimos que permitan considerar que realmente faciliten dicha atención.

f) *En muchos materiales hay grandes déficit en el ámbito de las intenciones educativas.*

La explicitación de las intenciones educativas a las que responden las propuestas del material debe considerarse como un elemento indispensable para que el profesorado conozca el sentido del material y, por lo tanto, pueda decidir sobre su adecuación y sobre cómo usarlo. Pero en diversos materiales no constan objetivos generales, no se relacionan explícitamente los contenidos con los objetivos generales a los cuales tendrían que responder, no se interrelacionan explícitamente los contenidos...; en algunos casos no se justifican, de una manera mínimamente aceptable, las opciones tomadas en el material.

La falta de explicitación suficiente de las intenciones y de su relación con las distintas opciones tomadas en el material, hay que situarla en un planteamiento de utilización acrítica de los materiales por parte del profesorado.

g) *Aunque en algunos materiales es un aspecto especialmente cuidado, en otros se dan ciertos estereotipos (especialmente en las ilustraciones) que se pueden considerar discriminatorios.*

En algunos materiales efectivamente se detecta una preocupación por esta cuestión que responde, a su vez, a una preocupación de diversos colectivos sociales que se han manifestado en diversos estudios y publicaciones. En otros materiales, por el contrario, siguen apareciendo ciertos estereotipos discriminatorios (en algunos casos de manera muy relevante) y sorprende que, en alguna ocasión, dos materiales de una misma editorial se sitúen en dos polos opuestos en este aspecto.

h) *Detrás de una aparente sintonía con los planteamientos del aprendizaje significativo y detrás de reflexiones más o menos teóricas y vagas, no se da, en la mayoría de los casos, una presencia coherente y suficiente de los requisitos favorecedores de un aprendizaje no mecánico.*

Algunos de estos elementos favorecedores de la significatividad de los aprendizajes aparecen de manera bastante generalizada (como es el caso de las propuestas de evaluación inicial); por el contrario, bajo una retórica que a menudo hace referencia a este tipo de aprendizaje no se dan propuestas concretas que lo tengan en consideración. En muchos materiales se encuentra a faltar una explicitación del sentido de las propuestas y un cuestionamiento que favorezca la implicación del alumnado en las secuencias de aprendizaje propuestas. No parece que los autores y autoras de los materiales hayan tenido sistemáticamente en cuenta los requisitos para el aprendizaje significativo sino que se han fijado especialmente en alguno y en lo que respecta a los demás han actuado bastante intuitivamente, con poca coherencia global en algunos casos y con gran cantidad de déficit en otros muchos.

i) *La mayoría de editoriales muestran una línea y unos planteamientos unificados en los distintos materiales que editan.*

Esto es efectivamente así, lo que comporta que algunos déficit (falta de especificación de objetivos generales, por ejemplo) se den, en muchos casos, en todos los materiales de una misma editorial. De todas maneras, a veces se observan líneas distintas en una misma editorial entre los materiales de distinto ciclo. En alguna editorial incluso se hace evidente la falta de una línea común mínimamente sólida incluso entre los materiales de un mismo ciclo.

j) *Alrededor de una cuarta parte del total de materiales curriculares analizados deben considerarse inadecuados.*

Los otros materiales se pueden considerar globalmente bastante adecuados, aunque con déficit, y sólo en algunos pocos casos como muy adecuados (aunque siempre con algún déficit).

Como se puede ver, el porcentaje de materiales que no se pueden considerar adecuados, ya sea por presentar algún déficit muy relevante o porque acumulan muchos déficit menos relevantes, es muy elevado.

## Algunas reflexiones de prospectiva

Partiendo de las conclusiones de la investigación anterior se pueden apuntar algunas perspectivas y líneas deseables de cara al futuro. Las reflexiones que siguen se tienen que enmarcar en las citadas conclusiones, que no son precisamente optimistas al prever un cambio en lo que ha venido siendo la concepción tradicional de los materiales curriculares (léase libros de texto), aunque se haya dado una evolución formal y terminológica.

De la investigación comentada se extrae que, en su gran mayoría, las únicas innovaciones que recogen los materiales curriculares son formales y aquéllas a las que están obligados por la prescriptividad del currículum y por su descentralización autonómica. Se puede pensar que las editoriales no han sabido cómo introducir innovaciones reales o que, como hipótesis más probable (que no excluye la anterior), no han querido arriesgarse económicamente apoyando innovaciones pedagógicas que no saben si serán aceptadas por un número suficiente de profesorado. La rentabilidad de la cuantiosa inversión que supone editar libros de texto es un factor prioritario para las editoriales.

También es cierto que la Administración no ha sabido explicar bien cómo elaborar nuevos materiales en sintonía con los planteamientos de la Reforma ni evidentemente ha establecido suficientes mecanismos para ayudar a que se creasen nuevos materiales en línea con dichos planteamientos. El desconcierto, en algunas editoriales, ha sido notable en ciertos momentos.

Por otra parte, como ya se ha comentado, el profesorado no tiene un bagaje ni en el campo del análisis de materiales ni en el de la exigencia de materiales que respondan a determinados planteamientos didácticos.

Ante esta situación, ciertamente compleja, se pueden formular algunas propuestas de líneas de acción que afectan a diferentes colectivos implicados en la educación escolar:

- Formación y desarrollo profesional del profesorado.
- El papel de la Administración.
- El papel de la Universidad.
- Las editoriales.

## Formación y desarrollo profesional del profesorado

Se ha dicho y se ha repetido que éste es el elemento clave para hacer viables procesos de innovación educativa. En lo que se refiere a los materiales curriculares, el profesorado tiene que adquirir el hábito profesional de analizar los materiales curriculares, tanto para elaborarlos como para proceder a su selección y para establecer criterios de uso. Adquirir este hábito requiere ver su necesidad y proceder a realizar diversos análisis contrastando con los compañeros y compañeras las dudas y las conclusiones. Por otra parte, hay que analizar cómo se usan realmente los materiales en el aula, en un proceso de evaluación formativa o continuada.

Se requiere, por lo tanto, que en la formación del profesorado el análisis de materiales curriculares tenga un lugar relevante. Esta dimensión formativa debería tener un lugar tanto en la formación permanente como en la formación inicial del profesorado, enmarcada en un planteamiento general de profesionalidad docente.

La exigencia de materiales de calidad por parte del profesorado puede convertirse en uno de los elementos clave para un cambio real en los materiales curriculares pero, por otra, la adecuación de un determinado material depende también mucho de cómo se use se conciba ante el alumnado y ante la familia de éste.

Una vertiente relacionada con los materiales y con el desarrollo profesional es la de elaboración de los materiales por parte del propio profesado de cada centro. Ésta ha sido una práctica llevada a término por diversos profesionales que, sin duda, les ha resultado enriquecedora y les habrá permitido conectar más directamente con el contexto real. Pero se trata de una práctica que tiene limitaciones: exige mucho tiempo, a menudo faltan recursos técnicos. En la mayoría de casos, la elaboración de los propios materiales se tiene que concebir como un complemento, específicamente adecuado, a los materiales curriculares editados por empresas productivas. En todo caso, la elaboración de materiales por parte del propio docente es una tarea que también se debería reflejar en los planes formativos del profesorado. En el mercado existen algunos libros (Heredia, 1990; Mínguez y Beas, 1995) que tienen como finalidad proporcionar pautas al profesorado para la elaboración de materiales curriculares.

## El papel de la Administración

La administración educativa puede favorecer una progresiva innovación en los materiales curriculares. Para hacerlo, podría contemplar aspectos como los siguientes:

- Dar apoyo a la elaboración, publicación y difusión de materiales curriculares elaborados por equipos competentes y experimentados. Estos materiales deberían servir como ejemplo tanto para las editoriales como para el profesorado, a la vez que permitirían a éste trabajar con ellos e irlos experimentando. En este sentido sería muy importante prestar atención especial a la difusión, ya que, en ocasiones, acostumbra a ser un punto débil de las ofertas de la Administración. La opción de coeditar con una editorial podría ser una alternativa adecuada. Aunque hay algunas experiencias, como los concursos para la elaboración de materiales curriculares del CIDE en el ámbito del MEC y otros concursos convocados por los gobiernos autonómicos, debería tratarse de un aspecto a potenciar mucho más.
- Establecer criterios orientativos para la elaboración editorial de materiales curriculares que no atiendan solamente a aspectos formales y que, a la vez, puedan servir realmente de orientación a los editores.
- Estimular a las editoriales para que arriesguen más en innovación. Se podría plantear un plan de trabajo conjunto entre las editoriales y la Administración de cara a reflexionar en común y buscar vías y alternativas de innovación (difusión institucional de nuevos planteamientos para darlos a conocer a la opinión pública, premios u otro tipo de apoyo público a las editoriales, etc.).
- Incluir en los planes de formación del profesorado el análisis y la reflexión sobre materiales curriculares. Priorizar las acciones de formación permanente basadas en el análisis y la reflexión sobre la práctica docente y focalizar las actividades formativas en el propio centro escolar; en estos parámetros la reflexión sobre materiales curriculares y su análisis pueden convertirse en un tipo de tareas que sintonice con facilidad con los intereses y necesidades del profesorado.
- Promover un plan informativo dirigido al conjunto de la población sobre las propuestas más relevantes del nuevo sistema educativo.

## El papel de la Universidad

En algunos momentos ha parecido que se daba un cierto divorcio entre el campo de trabajo universitario y el campo de trabajo del profesorado. La convergencia de estos dos ámbitos es esencial para la mejora cualitativa del sistema educativo. En lo que se refiere a los materiales curriculares, la Universidad debería contemplar los siguientes aspectos:

- Plantear una reflexión general sobre la relación entre los docentes universitarios y el profesorado no universitario.
- Fomentar la investigación en innovación de materiales curriculares.
- Analizar periódicamente la calidad de los materiales curriculares editados y hacer públicas las conclusiones.
- Ofrecer vías de reflexión conjunta con estamentos no universitarios respecto al papel actual y futuro de los materiales curriculares.

La Universidad también tiene que preocuparse por incluir en los currícula de formación del profesorado la vertiente de análisis de materiales curriculares, enseñar la importancia de proceder a estos análisis y el cómo realizarlos, tanto para poder seleccionar y establecer criterios de uso de materiales producidos por empresas como para tener pautas para la elaboración de materiales por parte del propio profesorado.

### Las editoriales

Evidentemente, las editoriales constituyen otra de las piezas clave en el «puzzle» de los materiales curriculares. Aparte de consideraciones planteadas en puntos anteriores, las editoriales deberían hacer planteamientos en ocasiones más rigurosos, incluso desde la perspectiva propiamente empresarial. El mercado de materiales curriculares, y específicamente el del libro de texto, es un mercado en el que es muy difícil entrar y en el cual se encuentran asentadas determinadas editoriales desde hace tiempo, aunque la puesta en marcha del nuevo sistema educativo ha parecido una buena oportunidad «de mercado» para que algunas editoriales no introducidas en el sector intentasen tomar posiciones.

De todas maneras, si se analizan las editoriales con materiales curriculares actualmente en el mercado, se observa que se han producido muy pocos cambios respecto a años anteriores (en este sentido no hay que confundirse con la aparición de nuevas marcas que, en realidad, forman parte de una empresa editora con tradición en el mercado del libro de texto). Por el camino se ha quedado algún proyecto editorial abortado justo antes de materializarse (con autores y autoras ya contratados), y algún otro después del primer año de distribución de los materiales.

El proceso de elaboración y producción de materiales curriculares es largo, o al menos debería serlo, si se aspira a conseguir productos de calidad. Desde el análisis de necesidades y la definición del proyecto hasta su distribución y comercialización, hay que seguir muchos pasos que cuando se saltan o no se hacen correctamente pueden provocar una disminución de la calidad del producto final. La falta de exigencia externa de esta calidad y la indefinición de la Administración que obliga a las editoriales a trabajar con plazos excesivamente ajustados, son dos causas que pueden explicar esta situación.

Por otra parte, sería adecuado que progresivamente fueran adquiriendo más importancia los materiales para el profesorado, en la línea tímidamente iniciada por alguna editorial con las guías didácticas que acompañan los materiales para el alumnado y que ofrecen diversas alternativas para trabajar en el aula. En una perspectiva en la que se crea que la práctica personalizada, el currículum flexible y la reflexión crítica del profesorado son elementos que pueden ayudar a mejorar la calidad de la educación escolar, deberían de tener más importancia los materiales (flexibles) dirigidos al profesorado, aunque la edición de estos materiales choque con la realidad comercial de dirigirse a un mercado mucho más reducido que el constituido por el alumnado.

## Notas finales

Con las páginas anteriores se ha pretendido contribuir a revitalizar la bibliografía sobre trabajos de análisis y de evaluación de materiales curriculares que parecía un poco estancada desde hace algunos años. Esta pretensión hay que situarla en una perspectiva que considera especialmente el carácter intencional de la educación escolar y que parte de una concepción de los procesos de aprendizaje como procesos de construcción personal de este aprendizaje; un proceso para el cual se requiere ayuda.

Pero el objetivo más concreto ha sido el de presentar una propuesta de modelo, previamente validado, para el análisis de materiales curriculares que pueda ser útil al profesorado. Un modelo que, evidentemente, después de una amplia y contextualizada utilización seguro que podrá perfeccionarse.

Tanto el planteamiento general de este libro como el modelo de análisis hay que situarlos en una perspectiva que considera que, atendiendo a la situación real, el papel de los materiales curriculares no puede menospreciarse, sino que, al contrario, exige una mayor preocupación por parte del sector educativo (Universidad, Administración... y evidentemente el profesorado) por la calidad de los materiales editados y por la formación del profesorado de cara a su uso. En esta doble preocupación deben tener un peso importante los materiales editados en soporte papel pero, a la vez, hay que introducir materiales editados en otros soportes.

A las editoriales es necesario que el sector educativo les exija la explicitación clara, razonada y pormenorizada de las justificaciones de las opciones tomadas en los materiales, ya que solamente de esta manera se podrá entrever la posibilidad de un uso de los materiales diferente al tradicional.

Un modelo de análisis como el propuesto puede ayudar, como mínimo, a poner en evidencia estos déficit y a contribuir a que el profesorado cuente con instrumentos que le faciliten desarrollar una actitud cada vez más reflexiva y más crítica, con más decisiones autónomas a partir de la coherencia de sus planteamientos. Esto ayudará a mejorar la calidad de la actuación profesional del profesorado y, consecuentemente, a mejorar la calidad de la educación escolar. Que es lo que a todos nos ocupa.

# Referencias bibliográficas


ALBERDI, I. (1985): «La discriminación de la mujer en los libros de texto», en MEC: *Grupo de trabajo sobre actualización y perfeccionamiento del instrumento de valoración de los libros de texto (Preescolar y EGB).* Madrid. MEC (Servicio de Publicaciones).

ALLEN, W.H. (1967): «Medium stimulus and types of learning», en *Audiovisual Instruction*, nº 12, pp. 27-31.

ÁLVAREZ, J. A. y otros (1993): *Elementos de reflexión para el análisis de materiales curriculares.* Gijón. Centro de Profesores (Materiales para el Aula).

APPLE M. W. (1989): *Maestros y textos. Una economía política de las relaciones de clase y de sexo en educación.* Barcelona-Madrid. Paidós/MEC (Temas de educación, nº 17).

ÁREA, M. (1985): «El profesor y el libro de texto: algunas consideraciones sobre su selección y uso en la EGB», en MEC: *Grupo de trabajo sobre actualización y perfeccionamiento del instrumento de valoración de los libros de texto (Preescolar y EGB).* Madrid. MEC.

ÁREA, M. (1986): «Un estudio sobre las decisiones docentes de uso del libro de texto en situaciones de enseñanza», en VILAR, L. M: *Pensamientos de los profesores y toma de decisiones.* Sevilla. Universidad de Sevilla.

ÁREA, M. (1991): *Los medios, los profesores y el currículum.* L'Hospitalet de Llobregat. Sendai.

ARGIBAY, M. y otros (1991): *La cara oculta de los textos escolares. Investigación curricular en ciencias sociales.* Bilbao. Universidad del País Vasco.

ATIENZA, J. L. (1994): «Materiales curriculares ¿para qué?», en: Signos. *Teoría y práctica de la educación*, nº 11, 12-21.

BANDURA, A. (1987): *Pensamiento y acción.* Barcelona. Martínez Roca.

BARTOLOMÉ, A. (1989): *Nuevas tecnologías y enseñanza.* Barcelona. Graó-ICE de la Universitat de Barcelona (MIE 1).

BATES, A. W. (1980): «Towards a better theoretical framework for studyng learning from educational television», en: *Instructional Science*, nº 9, pp. 393-415.

BENAVENTE, J. M. y otros (1994): «Criterios e indicadores de calidad para materiales impresos», en: *RED-Revista de Educación a Distancia*, nº 10, 10-27.

BENEDITO, V. (1988): «La investigación didáctica», en: *Enciclopedia de Educación*, tomo III. Barcelona. Planeta.

BEN-PERETZ, M. (1988): «Teoría y práctica curriculares en programas de formación del profesorado», en VILAR, L. M. (dir.): *Conocimiento, creencias y teorías de los profesores. Implicaciones para el curriculum y la formación del profesorado.* Alcoy. Marfil, pp. 239-258.

BERNARD, J. (1974): *Guía para la valoración de textos escolares.* Barcelona. Teide.

BERTOCCHI, D. (1994): «Leer no es una necesidad primaria», en: *Vela Mayor*, nº 1, pp. 25-31. [1991].

BLÁZQUEZ, S. y otros (1993): «Selección y evaluación de vídeos educativos», en: *Revista de Educación y Nuevas Tecnologías*, nº 21, coleccionable nº 6, pp. 27-30.
CABERO, J. (1989): *Tecnología educativa: diseño y evaluación del medio vídeo en las EE.MM. Roles de utilización didáctica.* Sevilla. Facultad de Filosofía y Ciencias de la Educación. (Memoria de licenciatura inédita.)
CABERO, J. (1990): *Análisis de medios de enseñanza. Aportaciones para su selección, utilización, diseño e investigación.* Sevilla. Alfar (Alfar Universidad, 54).
CABERO, J. (1992): «Los medios en los centros de enseñanza: la experiencia española», en: DIVERSOS *Cultura, educación y comunicación.* Sevilla. Ayuntamiento de Sevilla, pp. 65-74.
CALVO, T. (1989): *Los racistas son los otros. Gitanos, minorías y Derechos Humanos en los Textos Escolares.* Madrid. Popular.
CANALS, M. A; ROIG, A. M. (1992): «El llibre de text a l'escola d'avui», en: *Perspectiva Escolar*, nº 161, pp. 15-19.
CANTARERO, J. E. (1993): «Materials curriculars i renovació pedagògica», en: *Guix*, nº 189-190, pp. 27-33.
CARR, W; KEMMIS, S. (1988): *Teoría crítica de la enseñanza.* Barcelona. Martínez Roca.
CARRASCO, C. (1991): «Los libros de texto, el negocio del siglo», en: *El Independiente*, 4 de setembre.
CASTILLEJO, J. L. (1987): «Efectos de la informática en la estructura cognitiva de los alumnos», en VÁZQUEZ, G. (ed.): *Educar para el siglo XXI.* Madrid. Fundesco, pp. 39-77.
CEBRIÁN, M. (1987): «El vídeo educativo», en: *Actas del II Congreso de Tecnología Educativa.* Madrid. Sociedad Española de Pedagogía, pp. 55-74.
CHEEK, V. P. (1977): «Some factors in the selection of media», en: *Programmed Learning Educational Technology*, nº 14, pp. 223-231.
CLARK, R. (1975): «Constructing a taxonomy of media attributes for research purposes», en: *Audiovisual Communication Review*, nº 23, pp. 197-215.
CLARK, R.; SUGRUE, B. M. (1988): «Research on instructional media 1978-1988», en: Ely, D. (Ed.) *Educational Media Yearbook.* Denver (Colorado). Libraries Unilimited.
COLAS, P. (1989): «El libro de texto y las ilustraciones; enfoques y perspectivas en la investigación educativa», en: *Enseñanza*, nº 7, pp. 41-50.
CLARK, R.; GONZÁLEZ, T. (1993): «El diseño formal en los libros de textos: papel de las imágenes en el diseño instruccional», en: *Actas del III encuentro nacional sobre el libro escolar y el documento didáctico en la educación primaria y secundaria.* Valladolid. Universidad de Valladolid. Secretariado de publicaciones, pp. 107-110.
COLL, C. (1989): «Diseño Curricular Base y Proyectos Curriculares», en: *Cuadernos de Pedagogía*, nº 168, pp. 8-14.
COLOM, A. J. y otros (1988): *Tecnología y medios educativos.* Madrid. Cincel.
COROMINAS, A. (1994): *La comunicación audiovisual y su integración en el currículum.* Barcelona. Graó; ICE de la Universitat de Barcelona (MIE, 9).
CRONBACH, L. J. (1963): «Course improvement through evaluation», en: *Teachers College Record*, nº 64, pp. 672-683.
CUESTA, C. (1992): «Libro de texto en Cataluña. No se esperan grandes cambios», en: *Delibros*, nº 48, pp. 43-46.

DECAIGNY, T. (1973): *Communication audio-visuelle et pedagogie*. Bruselas. Labor.
DEL CARMEN, L. (1993): *La planificació de cicle i curs*. Barcelona. Graó ICE de la Universitat de Barcelona (MIE-Materials curriculars).
DEL CARMEN, L.; ZABALA, A. (1990): *Los materiales curriculares en la perspectiva de la reforma del sistema educativo*. Departamento de Psicología Educativa. Universidad de Barcelona. (Documento policopiado.)
DELVAL, J. (1986): *Niños y máquinas. Los ordenadores y la educación*. Madrid. Alianza (El libro de bolsillo).
DE PABLOS, J. (1986): *Cine y enseñanza*. Madrid. Ministerio de Educación y Ciencia.
DE ZABALETA, E. T. (1976): *Evaluación de materiales audiovisuales para la enseñanza*. Buenos Aires. Eudeba.
DI VESTA, F. J. (1972): «An evolving theory of instruction», en: *Educational Technology*, agosto, pp. 34-39.
ELLIOTT, J. (1990): *La investigación-acción en Educación*. Madrid. Morata.
ESCUDERO, J. M. (1983): «La investigación sobre los medios de enseñanza. Revisión y perspectivas actuales», en: *Enseñanza*, nº 1, pp. 87-118.
ESCUDERO, J. M. (1993) «La integració escolar de les Noves Tecnologies de la Informació», en: *Temps d'Educació*, nº 9, pp. 105-133.
FERNÁNDEZ, M. (1989): «El libro de texto en el desarrollo del currículum», en: *Cuadernos de Pedagogía*, nº 168, pp. 56-59.
FERRARIS, M. (1993): «La Tecnologia de la Informació al sistema escolar italià: problemes i perspectives», en: *Temps d'Educació*, nº 9, pp. 75-103.
FREINET, C. (1980): *Técnicas Freinet de la Escuela Moderna*. 12 ed. Madrid. Siglo XXI. [1964].
FULLAN, M. (1982): *The Meaning of Educational Change*. Nueva York. Teachers College Press, Columbia University.
FULLAN, M. (1983): «Evaluating Program Implementation: What can be learned from Follow Through», en: *Curriculum Inquiry*, vol. 13.
FULLAN, M. (1986): *The management of school*. Londres. Kogan Page.
FULLAN, M. (1991): *The New Meaning of Educational Change*. Chicago. Teacher College Press.
FULLAN, M.; POMFRET, A. (1977): «Research on Curriculum and Instruction Implementation», en: *Review of Educational Research*, nº 4.
GAGNÉ, R. M. (1970): *Las condiciones del aprendizaje*. Madrid. Aguilar.
GAIRÍN, J. (1989): «L'avaluació educativa», en: *Guix*, nº 141-142, pp. 4-7.
GARCÍA, M. (1993): «Análisis de los diseños gráficos sobre fenómenos microscópicos químicos en los libros de texto y comprensión de los mismos por los alumnos», en: *Actas del III encuentro nacional sobre el libro escolar y el documento didáctico en la educación primaria y secundaria*. Valladolid. Universidad de Valladolid. Secretariado de publicaciones, pp. 145-150.
GARCÍA, M.; PRIETO, C; SANTOS, M. J. (1993): «El libro de texto en la enseñanza del francés, lengua extranjera», en: *Actas del III encuentro nacional sobre el libro escolar y el documento didáctico en la educación primaria y secundaria*. Valladolid. Universidad de Valladolid. Secretariado de publicaciones, pp. 245-251.
GARCÍA, M.; TROIANO, H; ZALDÍVAR, M. (1993): *El sexismo en los libros de texto: análisis y propuestas de un sistema de indicadores*. Madrid. Instituto de la Mujer, Ministerio de Cultura.

GARRETA, N; CAREAGA, P (comp.) (1987): *Modelos masculino y femenino en los textos de EGB.* Madrid. Instituto de la Mujer, Ministerio de Cultura.

GIMENO, J. (1981): *Teoría de la enseñanza y desarrollo del currículo.* Madrid. Anaya.

GIMENO, J. (1988): *El currículum: una reflexión sobre la práctica.* Madrid. Morata (Pedagogía).

GIMENO, J. (1991): «Los materiales y la enseñanza», en: *Cuadernos de Pedagogía,* nº 194, pp. 10-15.

GIMENO, J. (1992): «Reformas educativas. Utopía, retórica y práctica», en: *Cuadernos de Pedagogía,* nº 209, pp. 62-68.

GIMENO, J.; PÉREZ, A. (coord.) (1985): *La enseñanza: su teoría y su práctica.* 2a ed. Madrid. Akal (Universitaria).

GINÉ, N. (1992) «El PCC i l'atenció a la diversitat», en: *Guix,* nº 182, pp. 49-54.

GOLDSTEIN, P. (1978): *Changing the American Schoolbook.* Lexington, Mass., D.C. Heath.

GÓMEZ, M. A. (1993): «Análisis crítico del material impreso y el documento didáctico en la educación preescolar», en: *Actas del III encuentro nacional sobre el libro escolar y el documento didáctico en la educación primaria y secundaria.* Valladolid. Universidad de Valladolid. Secretariado de publicaciones, pp. 111-115.

GONZÁLEZ, I; ZARAGOZA, G. (1985): «Siglo y medio de libros de texto», en: *Cuadernos de Pedagogía,* nº 122, pp. 4-6.

GOZZER, G. y otros (1981): *Oroscopo per la Scuola Primaria.* Roma. Armando.

GREEN, P. (1986): «Círculos de tiza: el currículum como área de conflicto», en: GALTON, M; MOON, B. (comp.): *Cambiar la escuela, cambiar el currículum.* Barcelona. Martínez Roca. (Educación), pp. 156-179.

GUBA, E. G. (1985): «Criterios de credibilidad en la investigación naturalista», en GIMENO, J; PÉREZ, A. (coord.): *La enseñanza: su teoría y su práctica.* 2a ed. Madrid. Akal. [1983], pp. 148-165.

HEIDT, E. V. (1978): «Instructional Media and the Individual Learner», en: *Classification and Systems Appraisal.* Londres. Kogan Page.

HEIDT, E. V. (1980): «Differences between Media and Differences between Learners: Can We Relate Them?», en: *Instruc. Sciences,* nº 9, pp. 365-391.

HEIDT, E. V. (1981): «La taxonomie des médias», en: *Communications,* nº 33, pp. 51-74.

HEREDIA, B. (1990): *Manual para la elaboración de material didáctico.* México. Trillas. [1983].

HERNÁNDEZ, X. (1994): *La història contemporània de Catalunya a l'Ensenyament Primari i Secundari.* Barcelona. Departamento de Historia Contemporánea. Universidad de Barcelona. (Tesis doctoral inédita.)

IMBERNÓN, F. (1993): «Reflexiones sobre la evaluación en el proceso de enseñanza-aprendizaje. De la medida a la evaluación», en: *Aula de Innovación Educativa,* nº 20, pp. 5-7.

IMBERNÓN, F.; CASAMAYOR, G. (1985): «Más allá del libro de texto», en: *Cuadernos de Pedagogía,* nº 122, pp. 10-11.

INSTITUTO DE LA MUJER (1993): *El sexismo en los libros de texto: análisis y propuesta de un sistema de indicadores.* Madrid. Instituto de la Mujer. Ministerio de Cultura.

KIRK, G. (1989): *El currículum básico.* Barcelona-Madrid. Paidós/MEC (Temas de educación, nº 14).

LÓPEZ, N. (1982): *Cómo valorar textos escolares.* Madrid. Cincel.

LOUGHLIN, C. E; SUINA, J. H. (1987): *El ambiente de aprendizaje: Diseño y organización.* Madrid. Morata/ MEC.

LUCHI, F. (1983): «Pour une taxonomie des medias didactiques. Grilles dynamiques pour des critéres de choix», en: *Cahiers de Communication Audiovisuelle,* nº 2/3, pp. 148-169.

MARCELO, C. (1987): *El pensamiento del profesor.* Barcelona. CEAC (Educación y enseñanza).

MARCHESI, A; MARTÍN, E. (1991): «Lo que dice el MEC sobre los materiales», en: *Cuadernos de Pedagogía,* nº 194, pp. 46-48.

MARTÍNEZ, F. (1992): «La utilización de medios en los procesos de enseñanza/aprendizaje: principios fundamentales», en: DIVERSOS *Cultura, educación y comunicación.* Sevilla. Ayuntamiento de Sevilla, pp. 55-64.

MARTÍNEZ, J. (1991): «El cambio profesional mediante los materiales», en: *Cuadernos de Pedagogía,* nº 189, pp. 61-64.

MARTÍNEZ, J. (1992): «¿Cómo analizar los materiales?», en: *Cuadernos de Pedagogía,* nº 203, pp. 14-18.

MATEO, J. (1992): «L'Avaluació com a *feed-back* de l'aprendre i de l'ensenyar», en: *Departament d'Ensenyament Formació Bàsica per a la reforma.* Barcelona. Departament d'Ensenyament de la Generalitat de Catalunya. (Documento policopiado.)

MEDER, N. (1993): «La Tecnologia de la Informació a l'educació alemanya», en: *Temps d'Educació,* nº 9, pp. 135-163.

MICHEL, A. (1987): *Fuera moldes. Hacia una superación del sexismo en los libros infantiles y escolares.* Barcelona. La Sal.

MILLER, R.L; OLOSON, J. (1992): *Clasroom Change: Is there a Steering Effect of Computer Technology?* (Ponencia presentada en la European Conference on Educational Research, Enschede.)

MÍNGUEZ, J. G; BEAS, M. (1995): *Libro de texto y construcción de materiales curriculares.* Granada. Proyecto Sur de Ediciones.

MONEREO (coord) (1995): *Avaluació del tractament de la diversitat als llibres de text,* Barcelona. CCIE.

MUNICIO, P. (1990): «El libro de texto, al servicio del alumno y del profesor», en: *Escuela Española,* nº 3.000, 26 de abril, pp. 62 -63.

MUÑOZ, E; MARUNY, LL. (1993): «Respuestas escolares», en: *Cuadernos de Pedagogía,* nº 212, pp. 11-14.

NAVARRO, J. (1985): *Evaluación de textos escolares.* Madrid. Universidad Complutense. (Tesis doctoral inédita.)

OCDE (1991): *Escuelas y calidad de enseñanza. Informe internacional.* Barcelona-Madrid. Paidós/MEC. (Temas de educación, nº 26.)

OLSON, J. (1992): «Trojan Horse of Teacher's Pet? Computers and the Teacher's Influence», en: *Ins. Jour. Educ. Research,* nº 17, pp. 77-85.

ONRUBIA, J. (1991): «La concepció constructivista de l'aprenentatge escolar i de l'ensenyament: aspectes bàsics», en: *Formació bàsica per a la Reforma.* Barcelona. Departament d'Ensenyament. Generalitat de Catalunya (Documento policopiado), pp. 9-16.

PAPERT, S. (1985): *Desafío a la mente. Computadoras y educación.* 4a ed. Buenos Aires. Galápago. [1980].
PARCERISA, A. (1992): «Projecte curricular: criteris sobre com ensenyar», en: *Guix,* nº 182, pp. 35-37.
PARCERISA, A. (1994): «Decisiones sobre evaluación», en: *Cuadernos de Pedagogía,* nº 223, pp. 45-49.
PARCERISA, A. (1995): *Els materials curriculars a l'ensenyament Primari.* Barcelona. Universidad de Barcelona. (Tesis doctoral inédita.)
PARCERISA, A.; ZABALA, A. (1994): *Pautas para la elaboración de materiales curriculares.* Madrid. MEC.
PARDO, S. (1994): «El sexismo en los libros de texto. Algunas pautas para el análisis del sexismo en los manuales escolares», en: *Escuela Española,* nº 3.196, 23 de junio, pp. 11-12.
PÉREZ, A. (1985a): «Conocimiento académico y aprendizaje significativo. Bases teóricas para el diseño de instrucción», en GIMENO, J; PÉREZ, A. (coord.): *La enseñanza: su teoría y su práctica.* 2a ed. Madrid. Akal. [1983], pp. 322-348.
PÉREZ, A. (1985b): «Paradigmas contemporáneos de investigación didáctica», en GIMENO, J; PÉREZ, A. (coord.): *La enseñanza: su teoría y su práctica.* 2a ed. Madrid. Akal. [1983], pp. 95-138.
RATHS, J. D. (1971): «Teaching without specific objectives», en: *Educational Leadership,* abril.
REICHARDT, CH. S; COOK, T. D. (1986): *Métodos cualitativos y cuantitativos en investigación evaluativa.* Madrid. Morata. [1982].
RICHADEAU, F. (1981): *Concepción y producción de manuales escolares.* Guía práctica. Bogotá-París. Secab/ Cerlal/ Unesco.
ROBINSON, P. R. (1975): *Sistemas y métodos audiovisuales.* Bilbao. Deusto.
RODA, F. (1983): «Función de las preguntas e imágenes en los textos escolares», en: *Enseñanza,* nº 1, pp. 147-158.
RODRÍGUEZ, J. L. (1983): «Evaluación de textos escolares», en: *Revista de investigación educativa,* nº 1-2, pp. 259-279.
RODRÍGUEZ, J. L. (1993): «Libro escolar; lenguaje verbal y lenguaje icónico», en: *Actas del III encuentro nacional sobre el libro escolar y el documento didáctico en la educación primaria y secundaria.* Valladolid. Universidad de Valladolid. Secretariado de publicaciones, pp. 39-51.
RODRÍGUEZ, J. L. y otros (1984): «Evaluación de textos escolares», en: *Enseñanza,* nº 2, pp. 141-152.
ROMISZOWSKI, A. J. (1981): *Designing systems instructional.* Londres. Kogan Page.
ROSALES, C. (1983): «Evaluación de textos escolares de primer ciclo EGB», en: *Enseñanza,* nº 1, pp. 193-208.
RODRÍGUEZ, J. L. (1984): «El lenguaje matemático en los textos escolares», en: *Enseñanza,* nº 2, pp. 153-162.
ROSENTHAL, R; JACOBSON, L. (1968): *Pygmalion en la escuela: expectativas del maestro y desarrollo intelectual del alumno.* Madrid. Marova.
RUÉ, J. (1991): *El treball cooperatiu. L'organització social de l'ensenyament i l'aprenentatge.* Barcelona. Barcanova.

SÁEZ, J. A. (1994): *Escala per a l'avaluació de llibres de text.* Granollers. Grup de treball del Vallès oriental. (Documento policopiado.)

SALOMON, G; CLARK, R. (1977): «Reexamining the Methodology of Research on Media and Technology in Education», en: *Rev. of Educ. Research,* nº 47, pp. 99-120.

SALOMON, G; CLARK, R.; MARTÍN DEL CAMPO, A. (1983): «Evaluación de la televisión educativa», en: UNESCO *Impacto de la televisión educativa en la infancia.* París. Unesco, pp. 7-14.

SANCHO, J. M. (1990): «De la evaluación a las evaluaciones», en: *Cuadernos de Pedagogía,* nº 185, pp. 8-11.

SANCHO, J. M. (1993): «Presentació a la monografia: Tecnologies de la informació a l'educació. Una perspectiva europea», en: *Temps d'Educació,* nº 9, pp. 7-19.

SAN MARTÍN, A. (1991): «La organización escolar», en: *Cuadernos de Pedagogía,* nº 194, pp. 26-28.

SANTOS, M. A. (1991): «¿Cómo evaluar los materiales?», en: *Cuadernos de Pedagogía,* pp. 29-31.

SARRAMONA, J. (1992): «Els recursos pedagògics materials», en: *Crònica d'Ensenyament,* nº 50, pp. 39-41.

SARRAMONA, J.; Ucar, X. (1992): «Els textos impresos», en: *Crònica d'Ensenyament,* nº 51, pp. 40-43.

SHALLIS, M. (1986): *El ídolo de silicio.* Barcelona. Salvat.

SOMEKH, B. (1993): «La Tecnologia de la Informació a l'educació: la visió crítica d'un talismà del segle XX», en: *Temps d'Educació,* nº 10, pp. 175-215.

STAKE, R. (1980): «La evaluación de programas, en especial la evaluación de réplica», en DOCKRELL, W; HAMILTON, D. (comp.): *Nuevas reflexiones sobre la investigación cualitativa.* Madrid. Narcea.

STAKE, R. (1987): «El método evaluativo centrado en el cliente», en STUFFLEBEAM, D. L; SHINKFIELD, A. J.: *Evaluación sistemática. Guía teórica y práctica.* Madrid. Paidós; MEC (Temas de educación, 4).

STUFFLEBEAM, D. L; SHINKFIELD, A. J. (1987): *Evaluación sistemática. Guía teórica y práctica.* Madrid. Paidós/ MEC (Temas de educación, 4).

TISHER, R. P. (1972): *Fundamental issues in Science Education.* Nueva York. John Wiley.

TORRES, J. (1991): *El curriculum oculto.* 2a ed. Madrid. Morata. (Pedagogía.)

VALLÉS, A. (1993): «La evaluación de materiales curriculares en Primaria», en: *Escuela Española,* nº 3.158, 23 de septiembre, pp. 17-18.

VARIOS (1993): *Actas del III encuentro nacional sobre el libro escolar y el documento didáctico en la educación primaria y secundaria.* Valladolid. Universidad de Valladolid. Secretariado de publicaciones.

VEGA, A .I. (1993): «Análisis de materiales curriculares. Área de matemáticas», en: *Sigma, revista de matemáticas,* nº 15, pp. 56-61.

VELASCO, M. E; PÉREZ, G. (1977): *Evaluación y elaboración de textos escolares.* Madrid. Narcea (Apuntes IEPS,10).

VILARRASA, A. (1992): «Materials curriculars: la reforma dels materials», en: *Perspectiva Escolar,* nº 161, pp. 2-6.

VILLAMOR, M. J. (1994): «Libros de texto ¿Desconcierto para el editor?, Informe», en: *Delibros,* nº 71, pp. 46-53.

WESTLEY, W. (1969): *Informe de la Conferencia del Centro para la Investigación e Innovación Educativa*, vol. I. París. OCDE.

WILSON, J. D. (1992): *Cómo valorar la calidad de la enseñanza.* Barcelona-Madrid. Paidós/MEC (Temas de educación, 30).

ZABALA, A. (1989): «El enfoque globalizador», en: *Cuadernos de Pedagogía*, nº 168, pp. 22-27.

ZABALA, A. (1990): «Materiales curriculares», en MAURI, T. y otros: *El currículum en el centro educativo.* Barcelona. ICE de la Universitat de Barcelona/Horsori. (Cuadernos de Educación), pp. 125-167.

ZABALA, A. (1995): *La práctica educativa. Cómo enseñar.* Barcelona. Graó (Col. El lápiz).

ZABALZA, M. A. (1985): *Problemática didáctica del libro de texto.* (Ponencia presentada en las Jornadas sobre el libro de texto, organizadas por el Gabinete de Medios Didácticos del Ministerio de Educación y Ciencia.) (Documento policopiado.)

ZABALZA, M. A. (1989): *Diseño y desarrollo curricular.* 3a ed. Madrid. Narcea.